Fe Reichelt

Atemübungen –
Wege in die Bewegung

Fe Reichelt verbindet in ihrer Arbeit die Tradition des Ausdruckstanzes mit aktuellen tanztherapeutischen Ansätzen und Methoden. Ihre besondere Aufmerksamkeit richtet sie dabei auf den Atem. Ihr Ziel ist, durch die Befreiung des Atems verdrängte und unterdrückte Gefühle freizusetzen und so zum seelischen und körperlichen Gleichgewicht zu finden. Dabei steht sie in der Tradition der chinesischen Philosophie, der es um Harmonie und Stabilität durch Yin und Yang geht.

Das Buch dokumentiert einen jahrelangen intensiven Arbeitsprozeß. Die Zeichnungen sind dem Arbeitstagebuch von Fe Reichelt entnommen und ergänzen anschaulich die Übungen. Daraus ist ein praxisorientierter Leitfaden für das Selbststudium und die Arbeit in Gruppen geworden.

Fe Reichelt, 1925 in Peking geboren und aufgewachsen. Meisterschülerin und Pädagogin bei Mary Wigman. Studium der Heil- und Sonderpädagogik; lebt seit 1978 in Frankfurt a. M., wo sie die Tanz- und Theaterwerkstatt gründete und als Tanztherapeutin arbeitet. Sie bietet eine Berufsausbildung für Ausdruckstanz und berufsbegleitende Fort- und Weiterbildung in Tanztherapie an.

Veröffentlichungen bei Brandes & Apsel: *Ausdruckstanz und Tanztherapie* (4. Aufl.) und *Atem, Tanz und Therapie* (2. überarbeitete Aufl.).

Fe Reichelt

Atemübungen –
Wege in die Bewegung

Yin und Yang im Tanz entdecken

Brandes & Apsel

Auf Wunsch informieren wir regelmäßig über das Verlags-
programm. Eine Postkarte an den Brandes & Apsel Verlag,
Zeilweg 20, D–6000 Frankfurt a. M. 50, genügt.

Die Deutsche Bibliothek – CIP-Titelaufnahme

Reichelt, Fe:
Atemübungen – Wege in die Bewegung : Wege in die Bewegung /
Fe Reichelt. - 1. Aufl. - Frankfurt a. M. : Brandes und Apsel, 1993
ISBN 3-86099-107-8

1. Auflage 1993
© by Brandes & Apsel Verlag GmbH,
Zeilweg 20, D–6000 Frankfurt a. M. 50
Alle Rechte vorbehalten, insbesondere das Recht der Vervielfältigung
und Verbreitung sowie der Übersetzung. Kein Teil des Werkes,
insbesondere die Zeichnungen, darf in irgendeiner Form (durch
Fotokopie, Mikrofilm oder ein anderes Verfahren) ohne schriftliche
Genehmigung des Verlages reproduziert oder unter Verwendung
elektronischer Systeme verarbeitet, vervielfältigt oder verbreitet werden.
Lektorat: Volkhard Brandes, Frankfurt a. M.
Umschlagfotos Vorder- und Rückseite: Thomas Simpfendörfer
Zeichnungen im Innenteil: Fe Reichelt / Moritz Reichelt
Druck: Fuldaer Verlagsanstalt, Fulda
Bindung: Buchbinderei Neubert, Altenstadt
Gedruckt auf säurefreiem, alterungsbeständigem und chlorfrei
gebleichtem Papier

ISBN 3-86099-107-8

Inhalt

Vorwort

Die Tanztherapie ist eine der vielen in den letzten Jahrzehnten populär gewordenen Formen der Körpertherapie. Vorwiegend in industrialisierten Ländern, zuerst in den Vereinigten Staaten von Amerika, später auch in Deutschland und anderen europäischen Ländern, verbreitete sich das Bedürfnis nach körperorientierter Therapie. Vor diesem Hintergrund wurden die verschiedensten Therapieformen entwickelt. Ich möchte hier nur einige nennen: die Bewegungserziehung von M. Feldenkrais, die Gestalt-Therapie von F. S. Perls, die Bio-Energetik G. Lowens, schließlich K. Dürkheims ganzheitlicher Ansatz, der die Notwendigkeit betont, sich insgesamt verwandelnd auf den inneren Weg zu begeben.

Mit ähnlicher Zielsetzung entstand in diesen Jahren die Tanztherapie. Aber auch die Musik- und Maltherapie, die parallel dazu entwickelt wurden, erzielten ausgehend von der Erfahrung, daß Kreativität, als in jedem Menschen vorhanden, Seelen- und Körperzustand heilend beeinflußt, erstaunliche Ergebnisse.

Die Tanztherapie hat verschiedene Ursprünge. In den USA folgte sie den Anregungen ihrer sechs Schöpferinnen (Trudi Schoop, Marian Chace, Liljan Espenak, Mary Whitehouse, Penny Bernstein, Elaine Siegel). Sie erkannten die Wichtigkeit der nonverbalen Körpersprache und wandten sich den Kranken in der Psychiatrie zu. Längst hat sich die Erkenntnis durchgesetzt, daß die Grenzen zwischen »gesund« und »krank« fließend sind. Wenig wird jedoch noch begriffen, wie ganzheitlich wir Menschen miteinander verbunden sind.

Mein Verständnis von Tanztherapie baut auf den schöpferischen Kräften des Menschen auf, die sich in der Bewegung und im Tanz entwickeln und äußern können. Dabei sind für mich zwei Gesichtspunkte vorrangig und bedingen einander: der des Findens und des Stärkens der eigenen Energie, was eine Durchlässigkeit des atmenden Körpers voraussetzt, und der des Ausdrucks dessen, was innerlich erlebt wird und zur Bewegung drängt. Auch das Unbewußte fließt in die Bewegung und kann damit bewußtseinsfähig werden. Das allein ist schon ein veränderndes Moment. Im Erkennen und Annehmen der eigenen Schwächen und Stärken kann dann selbst entschieden werden, in welchem Maße ein Veränderungsprozeß möglich ist. Mir ist für meinen Ansatz von Tanztherapie besonders wichtig, daß KlientInnen und TeilnehmerInnen selbständig entscheiden, inwieweit sie die Begleitung oder Hilfe der Therapie benötigen, um innere Unabhängigkeit zu entwickeln.

Es war ein langer Prozeß, die Grundlagen meiner Tanztherapie in meinem Studium der Heil- und Sonderpädagogik wie in meiner tänzerischen Praxis zu entwickeln, um sie dann nochmals zu durchforschen und abzusichern. Dieser lange Prozeß ist der hier vorgelegten »Fibel« durchaus anzusehen. Die begleitenden Zeichnungen haben sich mit mir – mit meiner Arbeit und meinem Leben – verwandelt. Ich habe sie vielfach benützt, habe sie nach China und in die USA mitgenommen und vor meinen SchülerInnen, fremden StudentInnen, Laien und professionellen TänzerInnen demonstriert. Jedesmal wurde daraus ein lebendiges, fruchtbares, spannendes Stück Leben. Je nach Zielgruppe erhielten einzelne Übungen einen unterschiedlichen Stellenwert, so daß ich – unter dem Einfluß verschiedenartigster Erfahrungen – diese und jene Anmerkung hinzufügte. Neue Zeichnungen kamen dazu, die mein Sohn Moritz, oft nur nach der Beschreibung der Übung, für mich anfertigte. Manchmal zeichnete ich auch selbst oder korrigierte die Zeichnungen. So entstand diese »Fibel« als ein Arbeits-Tagebuch, das nun zugleich ein Übungs-Buch für andere ist.

Während meiner vielfältigen, praktischen Arbeit eröffneten sich mir immer neue Perspektiven. Sie vermochten die »Richtigkeit« der ganzheitlichen, einfachen Grundlage zu bestätigen, die Quelle und Wurzel aller inneren wie äußeren Bewegung ist.

In meinen zuvor erschienenen Büchern *Ausdruckstanz und Tanztherapie* sowie *Atem, Tanz und Therapie* habe ich Unterscheidendes wie Verbindendes von Ausdruckstanz und Tanztherapie beschrieben. Die Grenzen verwischen sich häufig, und doch läßt sich beides insofern gegeneinander abgrenzen, als Ausdruckstanz die kreativen

Quellen öffnet und Tanztherapie sich in die vertiefende Bewußtmachung begibt, Probleme und Fehl-Gewohnheiten bearbeitet und behandelt. Im Ausdruckstanz bewege ich mich in einem verhältnismäßig vertrauten Garten, in der Tanztherapie wage ich mich aus dem Garten hinaus in unbekannteres Terrain, wobei es sich dennoch um die gleiche Erde und um die gleichen Pflanzen handelt.

Im Mittelpunkt steht für mich – bei der Besinnung, bei der Bewegung, beim Tanz – in jedem Fall die Aufmerksamkeit für den Atem, um mit dem Atem die eigene Energie wahrzunehmen. Dabei wird die überraschende Entdeckung gemacht, daß aktive und passive Energie, je nach Art des Atmens, sich entsprechend dem Ein- oder Ausatmen unterschiedlich ausdrücken. Das entspricht zugleich dem Yin und Yang in der östlichen Philosophie, den Lebensgesetzen des seelischen und körperlichen Gleichgewichts. Nun gilt es, mit Hilfe des Atems sowohl den Kern der eigenen Harmonie zu erkennen und zu stärken, als auch verborgene, oft verschüttete Gefühle zum Ausdruck und damit ins Bewußtsein zu bringen. Das ist das heilende und verändernde Element in diesem Ansatz der Tanztherapie.

Meistens achten wir nicht auf unseren Atem, und das ist auch gut so. Wir können nicht zu jeder Sekunde darüber nachdenken, wie wir gerade atmen. Wenn wir uns aber häufiger bewußt mit Atemübungen beschäftigen, so hinterläßt das seine Spuren in uns. Das ist der Sinn des Übens. Ab und zu sich während des Alltags bei der Frage zu »ertappen«: Was ist denn jetzt mit meinem Atem, was ist gerade mit mir los? – kann erstaunliche Einsichten bringen.

Im Tanz, besonders im Ausdruckstanz, wird die Bewegung vom Atem geführt. Der Atem wiederum entspricht dem Zustand, in dem ich mich befinde. Manchmal kann ich mit dem Bewußtwerden des Atmens Einfluß sowohl auf meine Bewegung als auch auf meinen Ausdruck ausüben.

Meist bestimmen Emotionen die Intensität des Atmens und Bewegens. In der systematischen Aufzeichnung einer Ausdrucks- und Bewegungsentwicklung entspricht die Reihenfolge der Übungen der Entwicklungsgeschichte, die im Urvertrauen eines Kindes und seinen daraus entstehenden Äußerungen ihren Ausgangspunkt hat. In der Übungsfolge wiederholt sich der Weg, auf dem sich Sinne und Bewegung gemeinsam entwickeln. Sie trägt schließlich dazu bei, individuelle und situationsbedingte Gestik zu begreifen.

Diese Übungsfibel ist als Ergänzung gedacht zu meinem bereits erschienenen Buch *Atem, Tanz und Therapie*. Bei vertiefter Auseinandersetzung mit meiner Arbeit ist es – des Gesamtzusammenhangs wegen – zu empfehlen, jenes Grundlagenbuch zur Hand zu haben. Neu ist, daß ich, wo es mir angebracht erscheint, in diesem Übungsbuch eine besondere Affinität zu Yin oder Yang erwähne.

Grundsätzlich bauen alle Übungen aufeinander auf. In der ersten Übung befindet sich der Boden, der während des Tanzes unter den Füßen, also unter der Senkrechten zu finden ist, unter dem Rücken, also unter der Waagerechten. Wenn man/frau sich beim Stehen einen Energiefluß vorzustellen hat, der Boden und Körper durch die Füße miteinander verbindet, durchströmt während der Rückenlage die mit dem Atmen verbundene Energie den Rumpf direkt. Symbolisch wird dabei der »Rückhalt« des Bodens, der Erde, in der Wirbelsäule getragen. In der chinesischen Philosophie (*I-Ging – Buch der Wandlungen*) symbolisieren die Füße die Kraft des Erregenden, der Bauch die des Empfangenden und die Erde.

Die Vorstellung, daß wir vor unserer Geburt von der Mitte des Körpers her (durch die Nabelschnur) versorgt wurden, ist die Grundlage für die erste Übung. Das Wachstum geschah von der Mitte aus rundum bis in Glieder und Gehirn, ehe der Atem das Leben in veränderter Umgebung einleitete. Später, während des Aufrichtens, bis die Füße Stand und Fortbewegung übernehmen, sind wir immer noch in gleicher Weise »eingerichtet«. Wir werden vom Zentrum her bis in unsere Haut hinein versorgt.

Die folgenden Atem- und Bewegungs-Übungen sind teilweise mit Bezeichnungen überschrieben, die symbolisch oder inhaltlich auf die jeweiligen Empfindungen eingehen; manchmal bezeichne ich aber auch lediglich sachlich den Vorgang der Übung.

In chinesischen Atemübungen wird von »Atemeinheiten« gesprochen, die jeweils aus Ein-und Ausatmen oder aus Aus-und Einatmen bestehen. Es gehört natürlich zu jeder Atemeinheit, daß sie vorbereitet ist, d.h. aus dem regelmäßigen Atmen heraus begonnen und der ganze Körper von Kopf bis Fuß einbezogen wird.

Wenn ich nachfolgend die Anteile und Reihenfolge einer Atemeinheit mit Ein- oder/und Ausatmen betone, bezeichne ich dies abkürzend mit »E« oder »A«. »E/A« oder »A/E« bezeichnet jeweils eine Atemeinheit.

Ich hoffe, daß die Übungen im Zusammenhang mit den Zeichnungen und den praktischen Hinweisen einen weitgehend selbständigen Gebrauch dieses Übungsbuches erlauben, damit das, was einmal gelesen und geübt wurde, auch so etwas wie »Eigentum« des/der Übenden werden kann. Die Selbstverständlichkeit und Natürlichkeit des verwandelnden Atmens ist von solch schöpferischer Kraft, daß letztlich ständig etwas Neues entdeckt werden kann. Aber auch unabhängig von diesem Übungsbuch, das einfache Grundlagen vermitteln will, lassen sich neue lebendige Wege entdecken und weiterentwickeln. Tänze können so entstehen, die bald ein Eigenleben gewinnen. Verstehen und Unterscheiden werden damit auch über Sprachgrenzen hinweg möglich. Aus diesem ganzheitlichen Verständnis sind aber auch Konflikte und ihre Bewältigung nicht mehr wegzudenken. Die Auseinandersetzung mit äußeren wie inneren Konflikten fordert und nutzt zugleich unsere schöpferischen Fähigkeiten, die die Kraft des Verwandelns in sich tragen.

Ich wünsche diesem Übungsbuch eine gute Reise und seinen Leserinnen und Lesern, daß ihnen die Übungen auf anregende und phantasievolle Weise weiterhelfen.

Frankfurt a. M., Februar 1993   *Fe Reichelt*

11

Die Übungen

Die Erde — das Wasser FRUCHTBARKEIT alles strebt zum Licht !

earth - sea
FRUITFULNESS
all is striving to light....

Übung 1

ERDE – WASSER – FRUCHTBARKEIT

Rückenlage. Sich vorstellen: Vom Bauchnabel, der Mitte des Körpers, versorgt sein bis in die Peripherie. Auch: Arme und Beine als Fühler. Gut ausatmen. Im Zentrum sammeln sich Atem und Energie, die Bauchdecke hebt und senkt sich leicht. Während des Einatmens die Haut spüren bis in Fingerspitzen, Fußsohlen, Nasenspitze usw. Die Imagination begleitet den Atem vom Zentrum bis in die Peripherie. Beim Ausatmen, das Tastgefühl behaltend, kehrt sie wieder zurück zum Zentrum.

Das Gleiche kann in Seiten- und Bauchlage geübt werden.

Starke Yin-Energie.

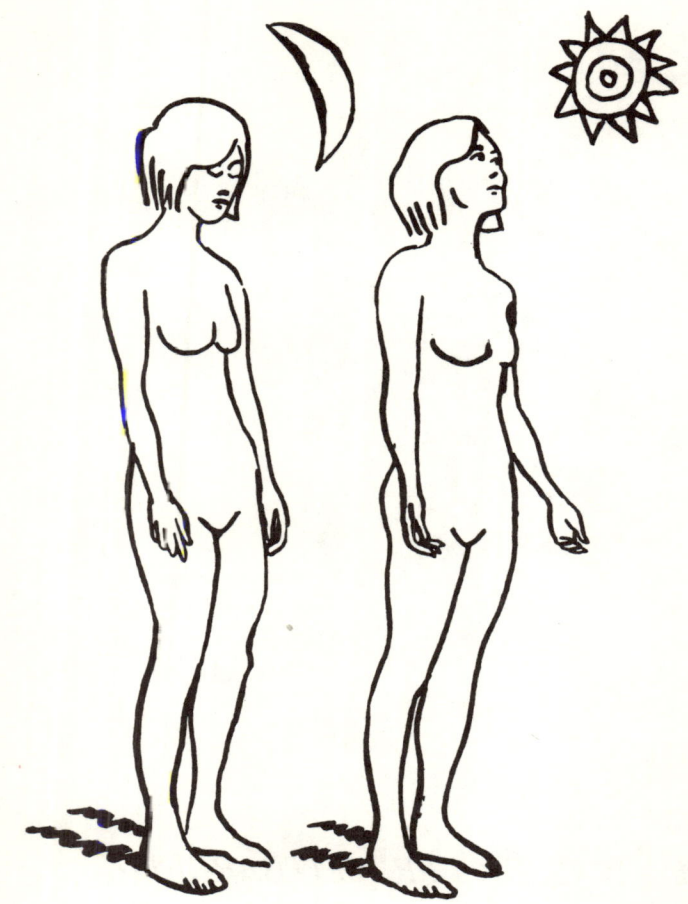

breathe — unity
Atemeinheit

of   in — out

out — in

Safety — security

trust

Geborgenheit

Vertrauen

Übung 2

GEBORGENHEIT UND VERTRAUEN

Es handelt sich hier um die Grundlage aller Atemübungen, um das Yin und das Yang. Die beiden Teilübungen »Geborgenheit« und »Vertrauen« ergänzen einander. Die eine ist mehr dem Boden (der Erde) zugewandt und dem In-sich-Gekehrtsein, die andere mehr dem Raum vor und über sich (dem Himmel) und der Öffnung nach außen.

Bevor in der ersten in-sich-gekehrten Yin-Übung während des Einatmens die Energie aus dem Zentrum (vom Boden her) bis in die Hautgrenze strömt, ist es notwendig, vorher gut auszuatmen, »leer« zu werden, alles an den Boden abzugeben. So bekommt dann auch das Ausatmen seinen Wert im Loslassen und der Zuwendung zum Boden. Dabei ist die Erde symbolisch identisch mit dem »Bauch, dem Empfangenden«, in das sich alles in Ruhe senkt. Die Grundlage des Einatmens/Ausatmens ist das In-sich-Ruhen. Die Energie kommt aus der Erde und wendet sich ihr wieder zu. Dies ist das Yin.

Im zweiten Teil der Übung geschieht etwas Gegensätzliches: Nachdem insgesamt genügend ausgeatmet ist und durch das Leerwerden immer mehr Raum für den einströmenden Atem entstanden ist, bekommt das Einatmen nun die Bedeutung des Sich-Öffnens. Durch den einströmenden Atem wird der Körper von unten her aufgerichtet; die Bereitschaft ist jetzt da, äußere Eindrücke aufzunehmen und Energie nicht nur aus der Erde, sondern auch aus dem Himmel zu empfangen. Dies ist das Yang.

Zusammenfassend: Die Teilübung »Geborgenheit« besteht aus der Atemeinheit E/A, danach folgt jeweils eine kleine Atempause. Das Ausatmen kann ausklingen.

Die Teilübung »Vertrauen« besteht aus der Atemeinheit A/E, danach folgt jeweils eine kleine Atempause. Nach dem Einströmen des Atems kann die Öffnung wahrgenommen werden.

Balance
of breath

forward

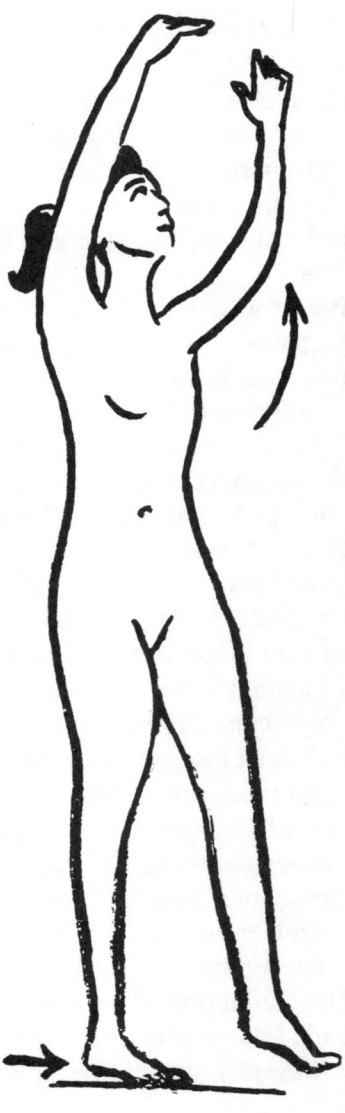

Übung 3

ATEMBALANCE 1: VORN

Ausgangsstellung für diese Übung ist das mit dem Ausatmen verbundene In-sich-gekehrt-Sein. Die Konzentration liegt im »Tan-t'ien« (etwa fünf Zentimeter unterhalb des Bauchnabels). Während der Atem einströmt, bis an die Hautgrenze zu spüren ist, und ein Tastgefühl der Fingerspitzen und des einen leicht nach vorne abgehobenen Fußes entsteht, hebst du beide Arme in einem Bogen nach vorn, bis sie sich, schräg über dir, leicht berühren. Das Standbein, die »Säule« der Balance, wird dabei in einer *einzigen* kleinen Anstrengung von der Ferse her einen halben Zentimeter angehoben. Während des Ausatmens senkt sich der gesamte Körper wieder auf beide Füße, die Arme kehren auf demselben Weg des Bogens in die Ausgangsstellung zurück.

Danach folgt die Übung auf dem Gewicht des anderen Beines.

Der sanfte, zarte Atem bewirkt hier eine noch verhältnismäßig geringe Öffnung des Körpers mit einer Spur von In-sich-gekehrt-Sein. Vorrangig wirkt noch die Kraft des Yin.

Balance
of breath

side

← ca ½ cm

Übung 4

ATEMBALANCE 2: SEITWÄRTS

Der Atemkreis erweitert sich über den in Übung 3 genannten Tastkreis hinaus: Wenn sich das Gewicht auf das eine Bein verlagert hat,
hebt sich der andere Fuß *seitlich* etwas vom Boden ab. Dies geschieht
mit möglichst viel »Fingerspitzengefühl«, dem in den vorhergehenden Übungen angesprochenen Entstehen von Tastgefühl in den
Händen, das sich mann/frau in den Fußsohlen und Zehenspitzen entsprechend vorzustellen hat.

Während der Atem einströmt, heben sich die Arme wie von selbst,
vom Atem getragen, seitlich im Bogen in die Höhe *direkt* über den
Kopf. In der kleinen Atempause berühren sich oben leicht die Fingerspitzen. In der tragenden »Säule« des Standbeins wird – bei einer
um einen halben Zentimeter angehobenen Ferse – das Gleichgewicht ganz leicht zur Seite verlagert. Da die Wirbelsäule weder vor-
noch rückwärts gebogen ist, kann auch die Vorstellung einer weit
ausgebreiteten, scheibenartigen Fläche, deren Mittelpunkt der
Bauchnabel ist, die Balance unterstützen. Innerer Sammelpunkt des
Gleichgewichts ist das »Tan-t'ien«. Während des Ausatmens senkt
sich der gesamte Körper wieder auf beide Füße in die Ausgangsstellung zurück. Danach folgt die Übung auf dem Gewicht des anderen
Beines.

Der voll einströmende Atem bewirkt hier eine breite Öffnung des
Körpers. Yin und Yang sind gleichermaßen voll wirksam.

Balance
of breath

backward

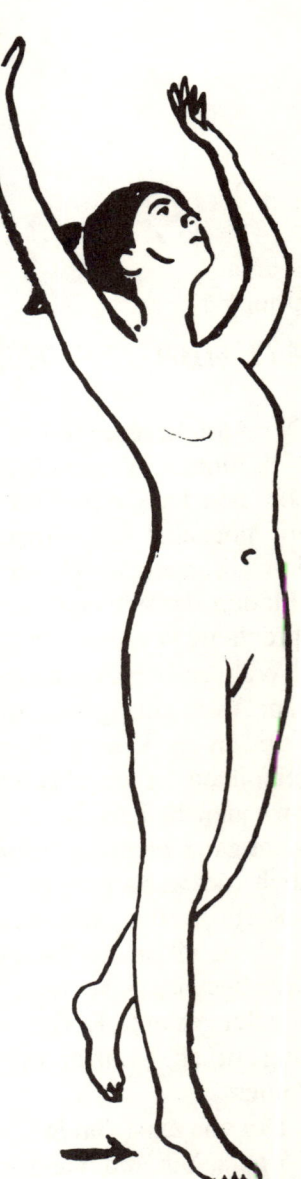

Übung 5

ATEMBALANCE 3: RÜCKWÄRTS

Wenn sich das Gewicht auf ein Bein (die »Säule«) verlagert, hebt sich der andere Fuß ganz leicht nach *hinten* vom Boden ab und gewinnt dabei die Qualität des Fingerspitzengefühls beider Hände und fühlt sich ihnen verbunden. Während der Atem einströmt, heben sich beide Arme seitlich hinten in die Höhe, bis die Fingerspitzen sich wieder leicht berühren. Die Fingerspitzen beschreiben in Bezug auf die angehobene Zehenspitze einen nun hinter den Körper reichenden Tastkreis. Der Brustkorb ist weit nach oben geöffnet, das Gesicht leicht dem Himmel zugewendet.

Während des Ausatmens senkt sich der gesamte Körper wieder auf beide Füße, die Arme kehren auf gleichem Wege in die Ausgangslage zurück. Danach folgt die Übung auf dem Gewicht des anderen Beines.

Der tiefe Atem bewirkt eine völlige Öffnung und Hingabe des Körpers nach oben, wobei Kreuzbein und Schulterblätter die Wirbelsäule des leicht nach hinten gebogenen Rückens stützen.

Hier wirkt die Kraft des Yang, von Yin gestützt.

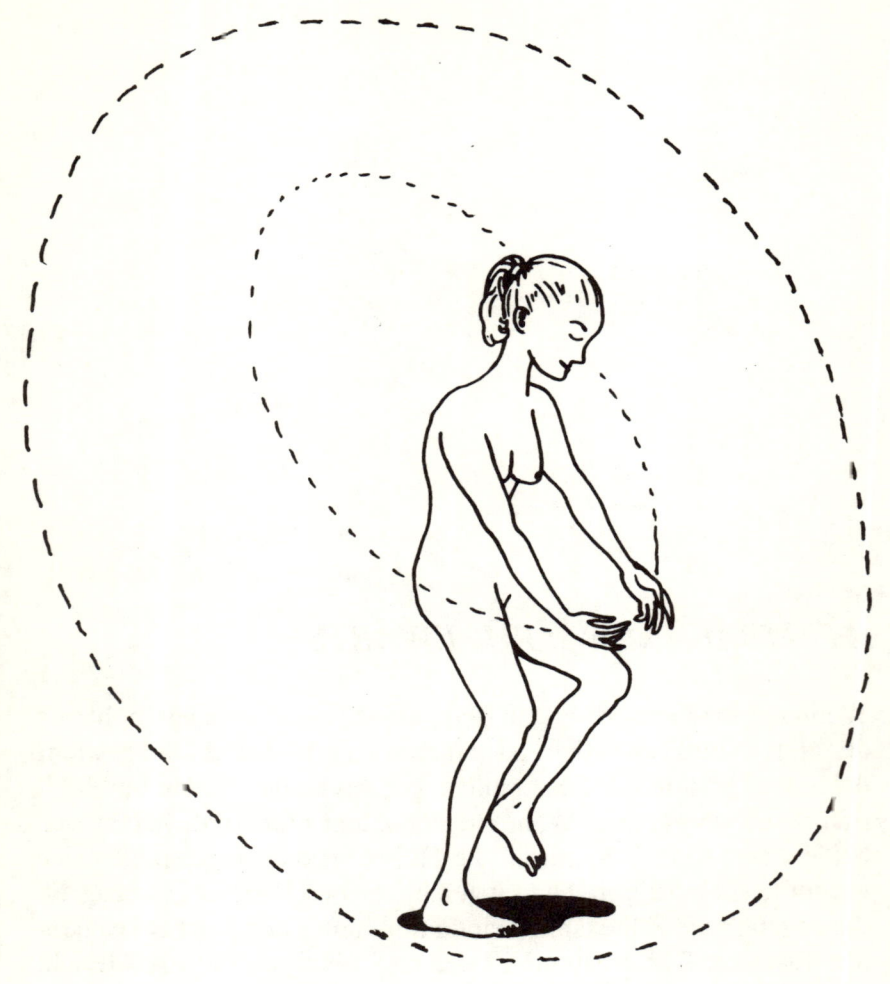

whole 6a

der vollständige
Atemkreis

Übung 6

DER VOLLSTÄNDIGE ATEM-TASTKREIS

Diese Übung vereinigt die drei vorherigen, ist aber eine eigenständige Übung. Der vorgestellte Tastkreis beginnt vorne dem Boden zugeneigt (6a) und kommt dann über die direkte Seite (6b) nach oben hinten (6c).

Das erste Bild (6a) zeigt: Wenn du, soeben senkrecht aufgerichtet, beide Arme in Schulterhöhe hast, könnten deine Hände einen großen Reifen halten, der vorne der Erde zugeneigt ist und hinten in den Himmel weist. Dabei ist der Mittelpunkt dieses Reifens der Wirbel zwischen den Schulterblättern. Während der Übung, wenn der Mittelpunkt deiner Balance im »Tan-t'ien« liegt und deine Arme sich über die Finger hinaus verlängern, ist der vorgestellte Kreis noch größer und wurzelt vorne sogar noch etwas unter der Bodenfläche.

Beginne wie in der ersten Atem-Balance (Übung 3). Ausgangspunkt ist hier ebenfalls das mit dem Ausatmen verbundene In-sich-gekehrt-Sein. Die Sammlung liegt während der ganzen Übung im »Tan-t'ien«. Der Körper ist anfangs etwas nach vorne geneigt, ein Bein nach vorne leicht angehoben. Etwa einen Meter vor dir am Boden beginnt der vorgestellte Kreis, den deine Finger in der Verlängerung beschreiben werden. Während der ganzen Übung besteht eine Verbindung der Fingerspitzen mit der Fußsohle, da das Bein die Arme mit einer Bewegung von vorne nach hinten und von hinten nach vorne begleitet.

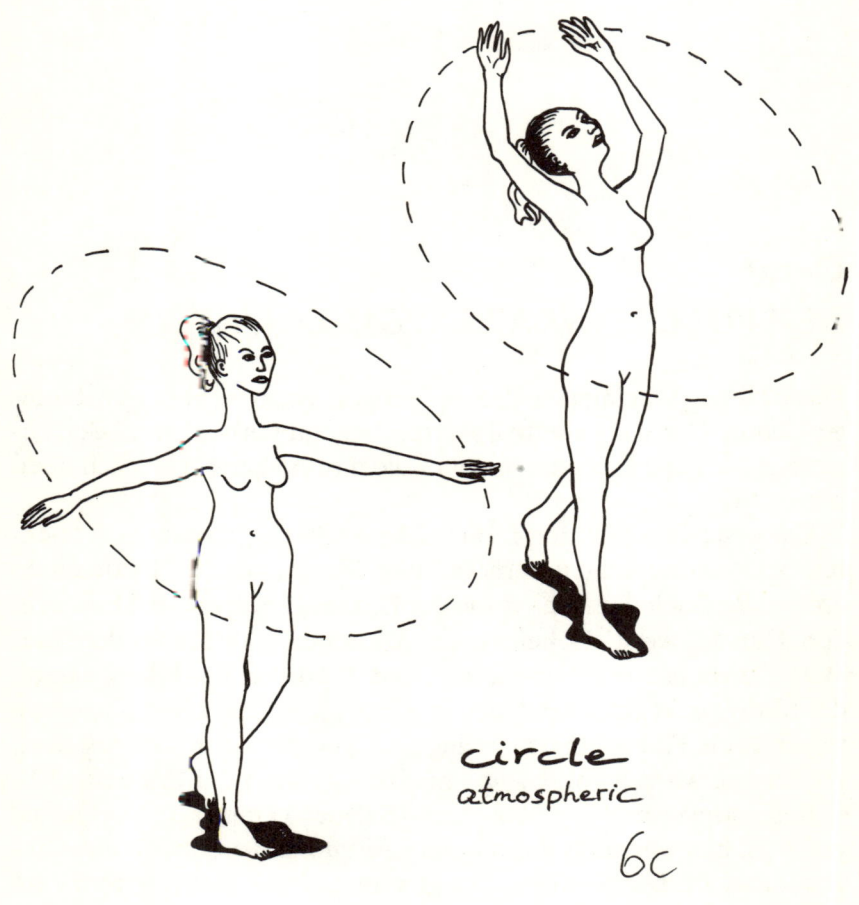

circle
atmospheric

6c

centen
und oben
und vorne
und hinten
und seitlich weit

Atem kreis Tastkreis

extensive   6 b

Während der Atem einströmt, richtet sich der Körper langsam auf (6b). Die Arme beschreiben dabei den Kreis weiter schräg nach oben über die Seite (vorerst bei ausgebreiteten Armen in Schulterhöhe). In diesem Stadium ist der Körper gerade aufgerichtet, das Gesicht sieht geradeaus, das leicht angehobene Bein befindet sich neben dem Standbein. Durch die Fortsetzung der Bewegung strömt noch mehr Atem in dich ein, der Brustkorb ist geöffnet, der Rumpf von Kopf bis Fuß nach hinten gebeugt wie ein Bogen. Das angehobene Bein ist jetzt hinten, das Standbein hebt sich leicht auf den Ballen (d.h. die Ferse ist etwa einen Zentimeter angehoben), das Gesicht sieht nach oben; die Fingerspitzen nähern sich der Berührung (6c). Während der Atem ausströmt, kehren die Arme auf demselben Wege wieder zurück über die Seite nach unten vorne.

Du kannst diese Übung dreimal hintereinander machen. Wenn du beim dritten Mal wieder ausatmend nach unten kommst, verteilst du dein Gewicht gleichmäßig auf beide Füße und nimmst dann bei der nächsten Übung das andere Bein nach vorne zu drei weiteren Übungen. Du kannst auch jedesmal die Seite wechseln.

Diese Übung bewirkt ein Sich-Öffnen und Sich-Schließen. Sie läßt die volle Energie der Erde in dich einströmen und sich mit der Energie des Himmels vereinen. Getragen wird diese Energie von der Energie der eigenen Mitte (»Tan-t'ien«). Diese Übung gibt dir einen guten und selbstverständlichen Halt bei fließender Energie, bei einem ständigen Austausch von Yin und Yang.

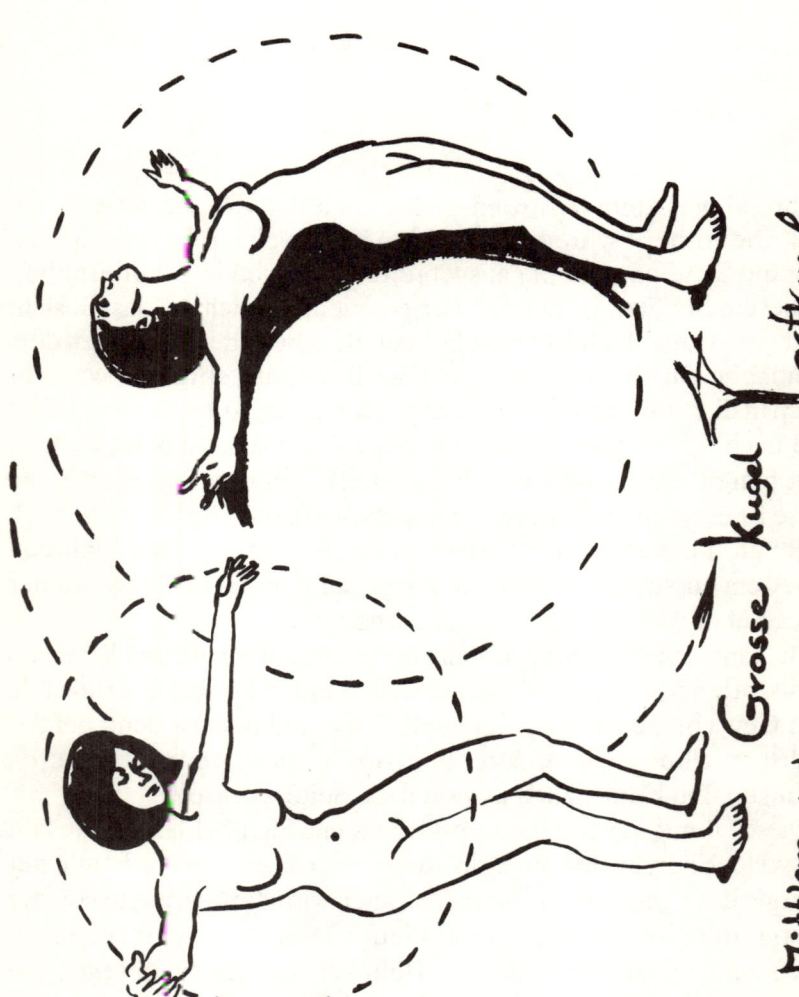

Mittlere und Grosse Kugel Lastkugel

ball

Übung 7

MITTLERE UND GROSSE KUGEL

Stell dir eine Kugel vor: Sie ist gerade so groß, daß du sie mit leicht angebeugten Armen vor dir halten kannst; der Mittelpunkt der Kugel liegt in der Höhe deines Bauchnabels. Dein Rücken ist entsprechend leicht gerundet, das Becken ein wenig eingekippt. Laß bei dieser Bewegung deinen Atem einfach fließen und gib dich der sanften Vorstellung der Rundung der Kugel hin. Anschließend löse die Vorstellung auf und entspanne dich bei aufgerichtetem, gelöstem Körper. Stellst du dir nun die Kugel in Körpergröße vor, dann wirst du sie, wenn sie sich vor dir befindet, mit sich anschmiegendem Bauch und sich anschmiegenden Armen berühren. Du kannst dich an sie lehnen und dich dieser sanften Vorstellung hingeben. Während der Atemfluß bleibt, verwandelt sich die Imagination derart, daß die imaginierte große Kugel nicht mehr vorne, sondern hinter dir ist. *Du bemerkst, wie dein Atem dich immer mehr öffnet und weitet,* als würdest du dich während des Einatmens weit und befreit rücklings an die große Kugel lehnen. Während des Ausatmens löst du diese Vorstellung und die Bewegung wieder auf.

Führe die Übungen mehrmals durch. Das Auflösen der Imagination und das Sich-wieder-Aufrichten kann auch während des Einatmens geschehen. Wähle die angenehmste Weise.

Diese Übungen bewirken Kraft und Stärke des Rückens wie die Kräftigung von Bauch und Brustkorb.

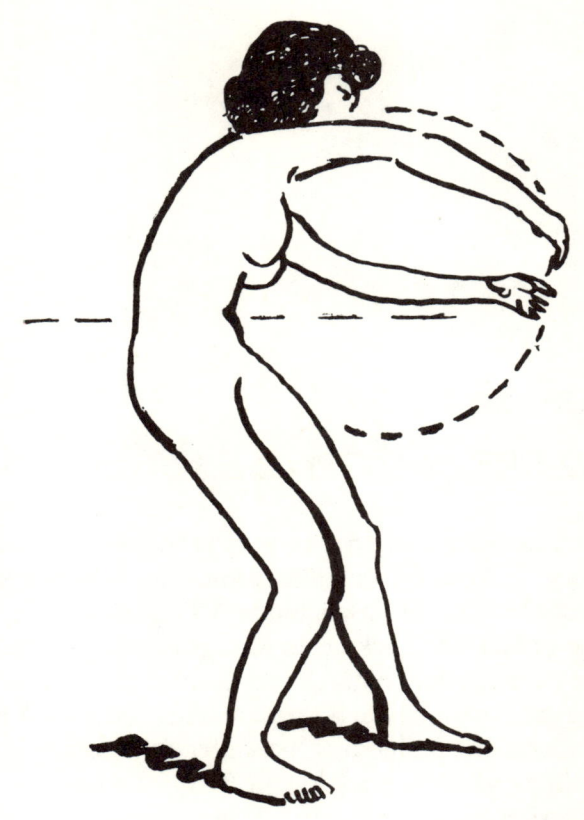

Nehmen und Geben
— Kugel und Umarmung —

to take and to give
— ball and embrace

[Test of personal feeling]

Übung 8

KUGEL UND UMARMUNG

Es handelt sich bei dieser Übung um die Erfahrung eines Tanzausdrucks. Je nachdem, mit welcher Atemeinheit diese Bewegung ausgeführt wird, stellt sich eine unterschiedliche Gemütsempfindung ein. Die Geste des Umarmens ist eine wichtige Erfahrungsübung. Doch es gibt hier keine Norm, das Erlebnis ist von Mensch zu Mensch verschieden.

Die vorgestellte Kugel ist nur so groß, daß sie, in Höhe des Bauchnabels, bequem umarmt, berührt oder gehalten werden kann. Im Gegensatz zur großen Kugel hat diese Kugel menschliches Maß. Bewegungsanweisung: Ausgangsstellung ist ein aufgerichteter, gelöst atmender Körper. Die Arme hängen locker an der Seite. So führst du die eben genannte umarmende Bewegung aus und löst sie wieder auf, ohne auf den Atem zu achten. Danach kannst du feststellen, ob es dir möglich war, befreit zu atmen.

In einem Fall hast du gerade eingeatmet und führst die umarmende Bewegung während des Ausatmens aus. Während der Atem einströmt, löst du die Geste wieder auf (E vorbereitend, A ist Aussage).

Im anderen Fall hast du gerade ausgeatmet und führst die umarmende Bewegung während des Einatmens aus. Während du ausatmest, löst du die Bewegung wieder auf (A vorbereitend, E ist Aussage).

Probiere beides mehrmals aus und nimm deine Empfindungen dabei wahr. Es ist darauf zu achten, daß bei der »einatmenden« Umarmung der Rücken sich dehnt und der Atem bis in den Rücken strömen kann!

31

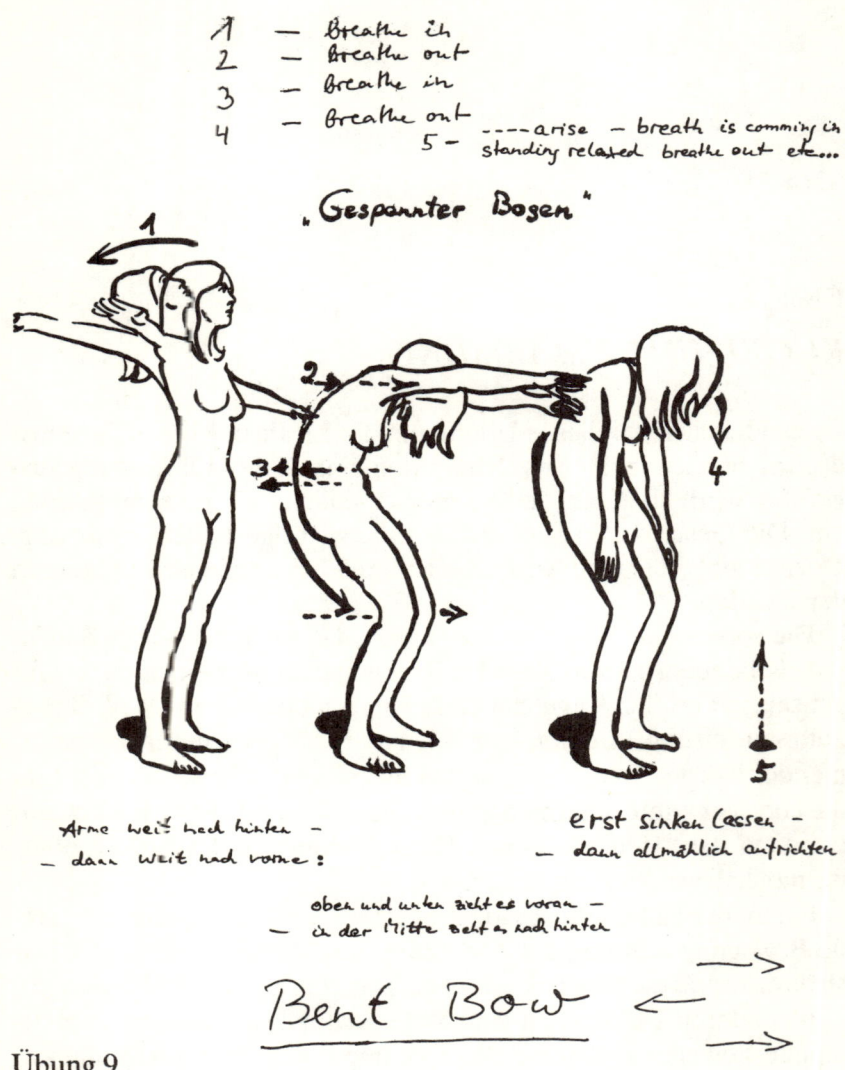

1 — Breathe in
2 — Breathe out
3 — Breathe in
4 — Breathe out
5 — ----arise — breath is comming in
standing relaxed breathe out etc...

„Gespannter Bogen"

Arme weit nach hinten —
— dann weit nach vorne :

erst sinken lassen —
— dann allmählich aufrichten

oben und unten zieht es voran —
— in der Mitte geht es nach hinten

Bent Bow

Übung 9

GESPANNTER BOGEN

Die Füße stehen parallel im Abstand der beiden Sitzknochen. Die Kraft der Oberschenkel als tragendes Element ist nicht zu unterschätzen. Es muß ein federnder Sitz möglich sein, der einen Halt gibt, wenn die Knie leicht angebeugt sind und das Becken leicht einge-kippt ist.

In dieser Übung darf die Wirbelsäule die Senkrechte insgesamt nicht aufgeben trotz der Rundung, die sie einnehmen wird. Während des Einatmens (E) hebst du beide Arme zur Seite, wobei sich dein gesamter Körper ausdehnt. Deine beiden ausgestreckten Arme spannen sich in Schulterhöhe so weit wie möglich nach hinten, so daß das Brustbein extrem gespannt ist (1). Während des Ausatmens (A) zieht sich dein Bauch in der Mitte ein, dabei kippt das Becken ein, so daß die Knie einknicken (3). Gleichzeitig bewegen sich die beiden gestreckten Arme, immer in Schulterhöhe, nach vorne. Auch der Kopf mit gelöstem Nacken wird innerhalb der Arme nach vorne in die Waagerechte hineingezogen (2).

Stell dir drei waagerechte Linien vor: Die mittlere Linie verläuft in Höhe des Bauchnabels und zieht dich mit dem angerundeten Rücken nach hinten. Die beiden anderen Linien – die eine durch die Knie hindurch, die andere durch die Schultern hindurch mitsamt den Armen und der Nackenlinie – gehen nach vorne. Im intensiven Ein-atmen (E) dehnst du jetzt den Körper in die Waagrechte. Vom Mit-telpunkt des Rückens aus spürst du die Dehnung des Rückens nach hinten, während die Arme nach vorne gezogen werden. Jetzt fallen beim Ausatmen (A) die Arme herab, der Nacken löst sich (4). Der Rücken, in seiner Rundung, *behält* (!) bei diesem Ausatmen seine Form und spürt die Energie des Atemstroms. Wenn du nun langsam Wirbel für Wirbel aufrichtest (5), wird ganz von selbst ein voller Atemstrom in dich einfließen (E). Nachträglich spürst du deutlich, daß der Atem tief eingeströmt ist. Entspanne dich (A).

Zusammengefaßt: E: Aufrichten, Arme waagerecht nach hinten – A: Arme und Knie nach vorne, Mittelrücken nach hinten – E: in dieser Stellung tief einatmen und dehnen – (in zwei Richtungen) – A: Arme und Kopf lösen, Rumpf und Beine bleiben – E: Wirbel für Wirbel gelöst aufrichten – A: aufgerichtet entspannt sein – ... und wieder mit E beginnen.

Die Übung des »Gespannten Bogens« (»Bent bow«) bewirkt eine direkte und sichere Verbindung zum Boden, zur eigenen Mitte und Wirbelsäule. Sie läßt eine lebendige Bereitschaft zu Aktion und Be-wegung wachsen (Yang-Energie).

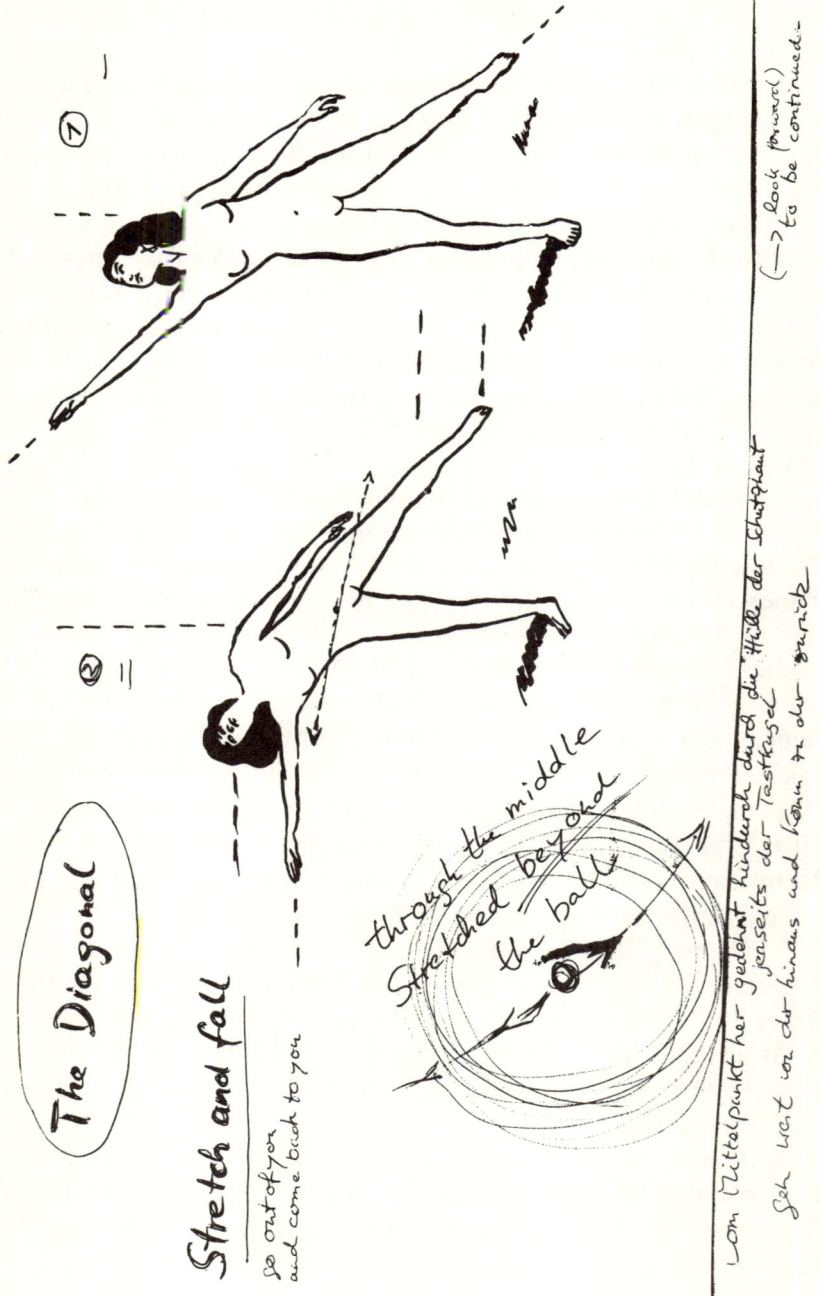

The Diagonal

Stretch and fall

go out of you and come back to you

(1) (2)

through the middle
Stretched beyond
the ball

vom Mittelpunkt her gedehnt hindurch durch die Hülle der Tastkugel
jenseits der Tastkugel. Sich weit vor der hinaus und kann zu der zurück

(→ Look (Brunel)
to be continued.

Übung 10

DEHNUNG UND MITTELPUNKT

Du stehst fest und gut gegründet auf einem Bein. Das andere Bein bildet mit dem entgegengesetzten Arm eine Diagonale, die mitten durch deinen Körper führt, und deren Mittelpunkt dein Nabel ist. Dein Standbein befindet sich direkt unter deinem Tan-t'ien-Punkt als Zentrum deines Gleichgewichts. Es wird dich wie eine zuverlässige Säule halten. Nachdem du gut ausgeatmet hast, dehne dich während des Einatmens (E) von deiner Körpermitte aus in diese Diagonale, sowohl durch den Brustkorb bis zur Fingerspitze als auch durch das Becken bis zur Fußspitze. Strömt dann der Atem aus (A), kann sich die Diagonale wieder zum Nabel hin entspannen und leicht zurückziehen. Führe diese Übung nach beiden Seiten aus, um deinen Mittelpunkt zu orten.

Bilde dann auf diese Weise wieder eine Diagonale und kippe sie während des Einatmens (E) zur Seite bis in die Waagerechte, ohne dich zu drehen. Der langgestreckte Körper, gestreckt vom Zeh bis zur Fingerspitze, befindet sich über der Säule deines Standbeins.

Mache eine Probe, indem du es einmal »falsch« machst: Dehne dich beim Einatmen zu stark in den Oberkörper hinein, und du wirst mit deinem Oberkörper weg von deiner Mitte und deinem Stand geraten. Oder dehne dich beim Einatmen zu sehr in die Hüfte und in das ausgestreckte Bein hinein, und du sinkst sofort auf das zweite Bein. Nach diesem kleinen »Test« wirst du deine Mitte zukünftig besser finden.

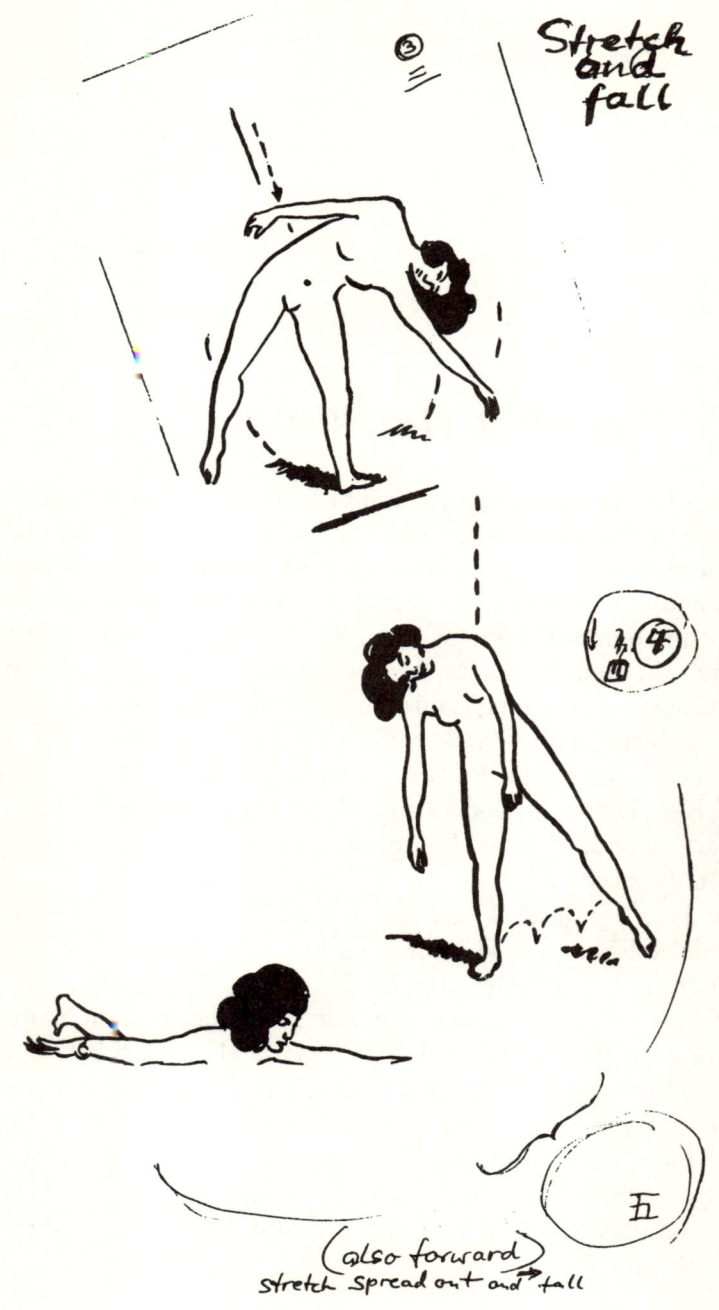

Stretch
and
fall

(also forward)
stretch spread out and fall

Übung 11

STRECKEN UND FALLEN

Übung 11 schließt unmittelbar an Übung 10 an. Beginne beim Einatmen (E) von der Mitte her, dich zuerst nach einer Seite in die Diagonale hinein zu dehnen (S. 34, 1), die schon die Tendenz hat, sich zur Seite zu neigen. Genieße einatmend (E) das weite Sich-Hinausdehnen (S. 34,2) und wage ausatmend (A), dich »einfach« fallen zu lassen (S. 36, 3 u. 4); die Säule deines Standbeins und die Mitte deines »Tan-t'ien« halten dich und fangen dich auf. Vertraue darauf, nicht zu stürzen, denn der fallende Oberkörper hat auf der anderen Seite deiner Mitte ein Gegengewicht: deine Hüfte und dein Bein, das sich ebenso entspannt niederläßt. Von dort kannst du dich direkt in die andere Diagonale hineinbegeben (E) und dich ausatmend (A) wieder fallenlassen. Insgesamt ergibt das die harmonische Linie einer liegenden »8«, deren Mitte dein »Tan-t'ien« ist. Öffne dich ganz weit und genieße dein Zurückkommen.

Diese Übung bewirkt die bewegte Kraft der Harmonie. Indem du die Nackenlinie ganz losläßt, kannst du eine belastende Gehirntätigkeit aufgeben, die Gehirnrinde kann sich entspannen. Das Vertrauen zu deiner Yin-Energie wird gestärkt.

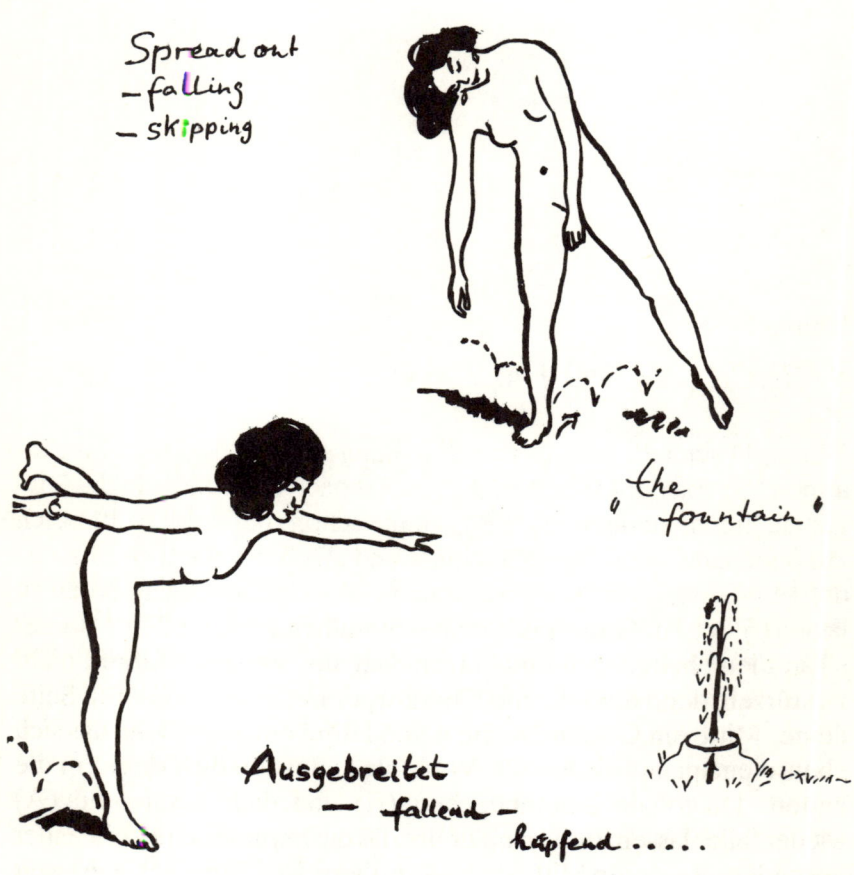

Spread out
– falling
– skipping

" the fountain "

Ausgebreitet
— fallend —
hüpfend .....

"Springbrunnen"

Übung 12

SPRINGBRUNNEN

Als Vorübung für den »Springbrunnen« kann die Ausdehnung von der Mitte des Körpers her (E) nach allen Seiten erfolgen, beispielsweise nach vorne mit ausgebreiteten Armen, nach hinten das Bein weggestreckt. Beim Ausatmen (A) ist der Körper immer wieder von der Mitte her gesammelt und entspannt, das Becken leicht eingekippt (kongruent zum entspannten Nacken), das Knie leicht nachgebend.

Wird dieser Mittelpunkt gespürt, entspannt sich der Körper in der Vorstellung, daß sich der Tan-t'ien-Punkt direkt über dem Standbein befindet. Mit einem kleinen Impuls vom Boden her, mit dem Drang »nach oben«, übernimmt das »Hüpf«-Bein eine minimale Anstrengung. Wenn während des leichten Einatmens (E) der Körper von einem Bein aus in die Höhe federt, kommt er beim Ausatmen (A) direkt dorthin zurück – auf das gleiche Bein. Die »freien« Glieder dürfen jetzt entspannt abwärts fallen wie das Wasser beim Springbrunnen.

activity of swing
    with breathing out
    (force of gravity)

Übung 13

SCHWUNG

Hier bekommt innerhalb einer Atemeinheit das Ausatmen erstmals etwas aktiveren Charakter. Das Einatmen bei der seitlich-diagonalen Dehnung ist vorbereitender Art (E), damit der Oberkörper beim Fallen (A) mit dem Arm in einem Schwung in den geöffneten Raum hinein weiterführen kann. Das Schweregefühl des Fallens kann genutzt werden zur Energie des weiteren Tanzausdrucks (E vorbereitend, A ist Aussage).

Diese Übung wirkt befreiend durch die Möglichkeit der »Abfuhr« und stellt eine der Möglichkeiten dar, vom Atemzustand in die tänzerische Bewegung zu kommen – eine Stärkung von Initiative und Yang-Energie.

test of balance and centre

Übung 14

TEST VON BALANCE UND KRAFT

Diese Übung bildet die Grundlage für die Übungen 15, 16 und 17, alles aktive Bewegungen, die mit dem Boden verbunden bleiben und mit Spannung geladen sind: bewußter Stand, der Körper senkrecht zwischen Himmel und Erde, auf der die Füße (bei den drei folgenden Übungen ist es das Standbein) fest stehen.

Es entsteht auf diese Weise die Vorstellung, daß sich in der Mitte dieser Senkrechten der Bauchnabel befindet: unter dem atmenden Oberkörper und dem »Sonnengeflecht« wie auch über dem atmenden Unterleib und dem »Zinnoberfeld«, der Zone des Gleichgewichts.

Vorbereitend (E) in der Mitte etwas zusammenziehen (siehe auch Übung 25) bei leicht angebeugten Knien. Dann (A) von der Mitte her strecken sowohl senkrecht nach oben als auch nach unten dem Boden zu, so daß das gesamte Körpergewicht auf der kleinen Fläche der Fußspitzen lastet. Nun einfach fließend weiteratmen. Der Rücken bleibt senkrecht, wenn die Knie sich beugen, bis das Gesäß auf den erhobenen Fersen sitzt. Wichtig ist, daß die Arme dabei locker neben dieser Senkrechten hängen bleiben.

Beim Wiederhochkommen ist unbedingt darauf zu achten, daß das Becken nicht nach hinten ausschert. Bewältige dabei die Anstrengung des ersten Augenblicks durch Ausatmen (aktives A) bei geschlossenem Mund, gespürt hauptsächlich in der Taille (»hm-hm-hm«).

Wichtig ist diese Übung zum Verständnis der anschließenden Spannungsübungen. Stelle dir räumlich vor, daß du von deiner Körpermitte aus nicht nur in die Höhe (oder später in die Frontale und in die Seite) wächst, sondern ebenso dem Boden zu, als würdest du von deiner Körpermitte aus durch das Strecken der gebeugten Beine in den Boden treten und dabei wachsen; als würdest du durch die Kraft deiner Mitte (deines »Brunnens«) den Boden und den Raum um dich herum wegschieben können. (Hier ist es lediglich die Raumlinie oben-unten, in Übung 15 kommt vorne-hinten dazu, in Übung 16 die seitliche Ausbreitung. In Übung 17 umgibt das Energiefeld kreisförmig die Senkrechte).

In dieser Grundübung kannst du als Test für deine Senkrechte, dein Gleichgewicht, während der langsamen Kniebeuge manchmal ganz kurz die Augen schließen.

Die Übung bewirkt das Suchen und Finden der eigenen Mitte und trägt wesentlich zur Orientierung im Raum bei (stellvertretend für die Orientierung durch das Auge); Yang und Yin vereinigt.

action
hold

in
front

Concentration centre
breathing in ──→to breathing out

Übung 15

GEHALTENE SPANNUNG

Die Vorbereitung ist die gleiche wie in der vorhergehenden Übung.
Einatmend (E) wird bei leicht angebeugtem Standbein die »Mitte«
gesammelt. (Der Bauch symbolisiert die Erde, das »Empfangende«,
die Energie des Yin.) Du kannst dir vorstellen, mit beiden Händen
und dem leicht angehobenen freien Fuß die Energie aus dem Boden
heraufzuholen bis in deine Körpermitte; Mittel-, Zeigefinger und
Daumen können dabei in leichter Berührung miteinander die Atemenergie leiten und halten. Während des Ausatmens (aktives A)
streckt sich die Wirbelsäule wieder, beide Hände und die Ferse
drängen sich direkt frontal vor dir, so daß beide Ellenbogen und beide
Knie ebenfalls zur Streckung kommen (E vorbereitend, A ist
Aussage). Die Kontrapunkte der Spannung sind hierbei oben und
unten (Scheitel und Fußsohle am Boden) sowie hinten und vorne
(Rücken und Ferse vorne). Die Hände können dabei auch aufgestellt
sein, um die Spannung in ihrer Abgrenzung deutlich werden zu lassen
oder sich sogar zur Faust zu ballen. Der volle Atem (E und A) geht
nochmals in die Wirbelsäule (Rücken) und in den gesamten energie-
geladenen Körper. Dann gibt die abschließende Atemeinheit Entspannung: zuerst das einziehende leise Atmen (E) in die Mitte und
das einsinkende leise Ausatmen (A) in die Erde zurück. Damit kann
die Übung von vorne beginnen, indem nun der andere Fuß sich leicht
anhebt bis zur Mitte usw.

Diese Übung bewirkt, daß der Atem sich aktiviert hat und eine
große gesammelte Kraft aus der Mitte des Körpers erzeugt. Die
Yang-Energie fließt durch den Rücken.

action hold on side
broad back — action sideways

breathing out
actively

Übung 16

VERBREITERTE UND ENTLADENE SPANNUNG

Um nun die Kraft und Energie noch zu verbreitern, bekommt der gestärkte und in die Höhe gestreckte Rücken zusätzlich zu seinen Kontrapunkten oben-unten und vorne-hinten noch die Kontrapunkte der Seite hinzu. Sammle wieder in der Mitte deines Körpers den Atem, die Kraft (E). Dabei bleibt vorbereitend der Gegenarm zum Standbein vorne; die beiden äußeren Gliedmaßen – äußerer Arm und freies Bein – nehmen seitlich den drängenden Ansatz nach außen (aktives A). Dies verstärke man/frau nochmals durch den vollen Atem (E und A) und halte die Dehnung und Spannung deutlich in allen diesen Richtungen, Körperteilen und Kontrapunkten (E vorbereitend, A ist Aussage).

Die abschließende Atemeinheit (E und A) gibt wiederum Entspannung und Zurückführung zu Körperzentrum und Boden. Schließlich kann in dieser wie in der vorhergehenden Übung auch die gesammelte Spannung (E) zu einer »Abfuhr« kommen und sich mit einem Impuls der plötzlichen Konfrontierung oder Öffnung entladen (aktives A). Die Sammlung geschieht hier im konzentrierten Zusammenziehen des Atems (E) im Körperzentrum und kann sich sowohl in die oben genannten Richtungen entladen als auch in sämtliche Ziele, die dem momentanen Wunsch des persönlichen Ausdrucks entsprechen. Die Ziele können direkt vor dir sein oder weit außerhalb von dir, auch kann es sich um eine ziellose Sprengung handeln.

Diese Übungen bewirken die Wahrnehmung deiner verstärkten Yang-Energien, sowohl die momentane Bereicherung und Kräftigung durch sie als auch die befreiende Möglichkeit der »Abfuhr«.

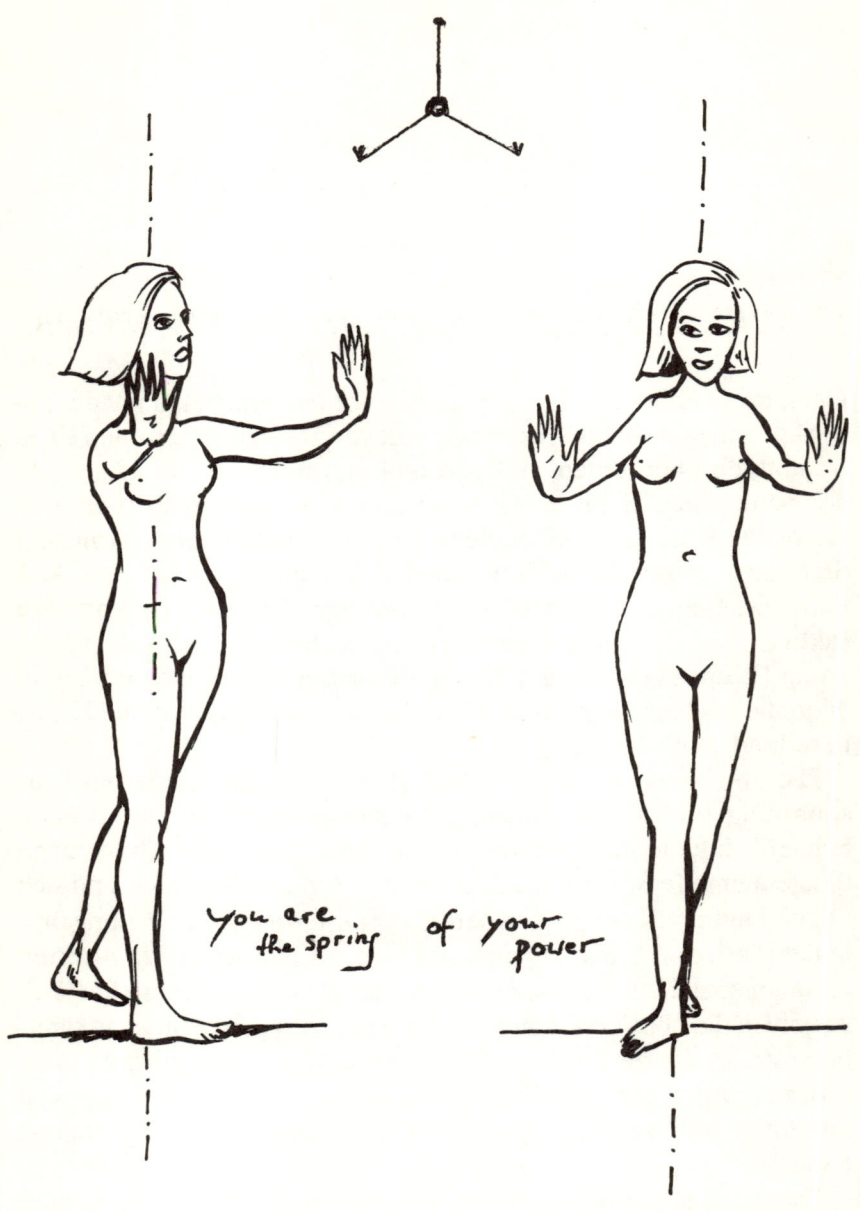

you are
the spring   of your
            power

du bist der Brunnen deiner Kraft

Übung 17

MITTELPUNKT DER SENKRECHTEN –
»Du bist der Brunnen deiner Kraft«

Hier wird die Energie verstärkt rings um die Mitte und die Senkrechte. Das Vorne-Hinten und beide Seiten verschmelzen zu einer kreisförmigen, ja kugelförmigen Stütze.

Einatmend (E), wieder bei leicht angebeugtem Standbein, kannst du dir vorstellen, mit beiden Händen die Energie aus dem Boden heraufzuholen bis in deine Körpermitte. Dort finden sich vorne beide Arme, während die freie Ferse sich nach hinten der Mitte zu leicht anhebt. Während des Ausatmens (aktives A) streckt sich die Wirbelsäule auf dem sich streckenden Standbein in die Senkrechte, die Fußsohle fest auf dem Boden. Beide Handballen nach schräg vorne schieben und die Ferse direkt nach hinten. Hände und Fuß ergeben so (von oben her gesehen) ein gleichseitiges Dreieck, dessen Mittelpunkt, die Wirbelsäule, von Kopf bis Fuß als Zentrum bewußt gespürt wird (E vorbereitend, A ist Aussage).

Die abschließende Atemeinheit (E und A) gibt wieder Entspannung und Zurückführung zu Körperzentrum und Boden, Wechsel zur Übung auf dem anderen Standbein.

Diese Übung bewirkt eine volle Präsenz der Entschiedenheit und der Yang-Energie.

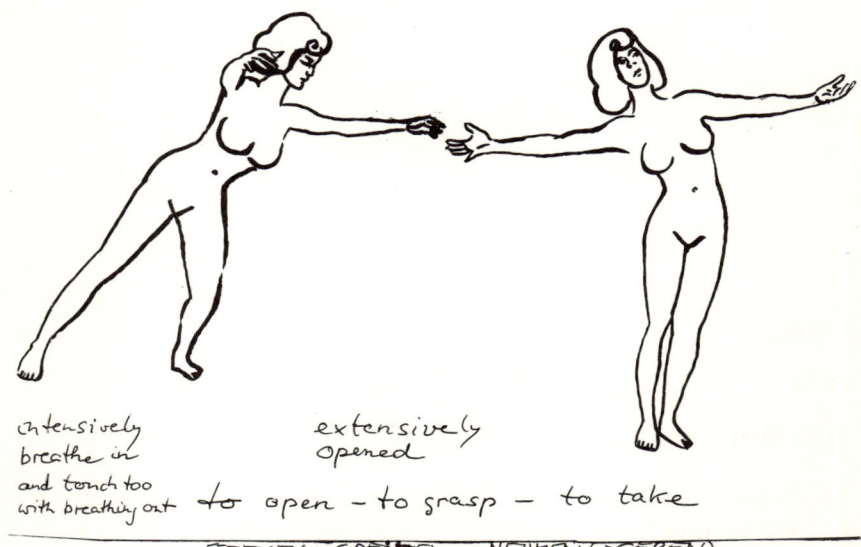

intensively breathe in and touch too with breathing out   *extensively opened*

to open — to grasp — to take

ÖFFNEN — GREIFEN — NEHMEN (→GEBEN)

Übung 18

ÖFFNEN – GREIFEN – NEHMEN

In deiner Mitte sammelst du deine beiden Arme, während du etwas nachgibst (Leerwerden = A, vgl. Übung 25). Von der Mitte her greifen deine Glieder hinaus in den Raum. Du öffnest die Hände weit nach vorn (aktives E ist Aussage). Dein rechter Arm (hier der »primäre« Arm im Gegensatz zum ebenfalls beteiligten »sekundären« linken) öffnet dir deinen rechten Raum, d. h. du öffnest dich während des Einatmens ganz weit nach rechts. Gib dann wieder nach und hole den ganzen vorher geöffneten Raum aus der Weite wieder zu dir zurück zu deiner Mitte (A passiv = ergänzende Phase der Atemeinheit; nachgebend, zugleich »bergend«, siehe Übung 1).

Dieselbe Bewegung führe ebenso zur anderen Seite hin aus. Da es beide Arme sind, die an der weiten Öffnung in den Raum hinein und

50

auch bei dem (einatmenden) Sammeln beteiligt sind, kannst du die Richtungen auch wechseln, kannst sie oberhalb oder unterhalb der ursprünglichen Frontale ausführen, so daß du in alle dir zur Verfügung stehenden Räume eingreifend hineinreichst (E aktiv. Das nachgebende Ausatmen ist passiv).

Wenn jetzt die zweite Phase der Atemeinheit, das Ausatmen, ebenfalls aktiv wird (aktives E + aktives A), wird aus dem einfachen bergenden Nehmen ein aktives Greifen, Heran-Holen, Haben (solche mit H beginnenden Wörter auszusprechen, mag das aktive Ausatmen unterstützen). Wird das Maß überschritten, können Überdruß oder Ohnmacht entstehen. Im geübten Gleichgewicht von Yin und Yang wird das ergänzende Maß zum Grad der gewollten Öffnung gefunden.

Gegensätzlicher Ausdruck: GEBEN

So wie während des Öffnens, Nehmens und Greifens die Intensität des Atems bedeutend war für weniger oder mehr Aktivität, so ist es auch mit der gegensätzlichen Bewegung des Gebens. Alles »Geben« ist stets mit Ausatmen verbunden. Beginne wieder mit dem Einfachsten, Leisesten: Laß »einfach« los (was manchmal gar nicht so einfach ist!). Hebe mit einem leisen Einatmen die Überfülle an und lege sie mit einem leisen Ausatmen vor dich (schon ist eine Distanz da!). Hebe das Gewicht etwas hoch und übergib es jemandem. Willst du es schenken? Dann wirst du vielleicht etwas überschwenglicher bzw. intensiver. Pfeifst du leicht vor dich hin, so kann das symbolisch sein für ein leichtes Verschenken, das an Blumenstreuen erinnert. Mit einem intensiveren Einatmen kann ein etwas intensiveres Werfen bis zum intensivsten Schleudern folgen. Aber noch vermagst du relativ sanft (A) etwas von dir wegzuschieben. Du kannst es etwas intensiver fortschieben oder es auf intensivste Weise wegstoßen (aktives A). Grundsätzlich steht also wohl für Nehmen Einatmen und für Geben Ausatmen. Insgesamt ist ersichtlich, daß die Stufungen der sich verändernden Aktionen, verbunden mit dem sich steigernden Ausatmen das entsprechende vorherige Einatmen voraussetzen. Die gesamte Atemeinheit verwandelt sich (jeweils E vorbereitend, A ist Aussage). Yin und Yang in ständigem Wechselspiel.

verdeckte Atmung (ein–aus) der Erde abgebend

Seufzen Trauer

Deliver to earth (breathing in-out)

Overcast breathing (in–out) — Sigh / sorrow

Übung 19

VERDECKTE ATMUNG – TRAUER

In dieser und der nächsten Übung gehe ich vom Ausdruck aus; er entspricht der Grundlagen-Übung 2, ergänzt durch Übung 26.

Bei einem tiefen Seufzen, einer verdeckten Trauer ist das Bedürfnis da, sich mitteilen zu können. Es ist jedoch keiner da. Aber es ist notwendig, den Kummer nicht in sich »hineinzufressen«, sondern ihn mit dem Körper zu spüren und mit dem, was der Körper spürt, abzugeben und auch in der Einsamkeit dem Boden eine Mitteilung zu machen.

Im Seufzen zieht alles nach unten. Trauer hängt herab. Der Himmel ist verhangen. Der Regen fließt abwärts. Klage beugt den Nacken. Hände fahren über die Augen und verhüllen das Gesicht. In der Brust sammelt sich das Leid. Weinen löst die Tränen. Das Seufzen bringt ein großes erleichterndes Ausatmen. Dabei fallen die Schultern leicht herab, der Kopf sinkt nach unten. Das Einatmen bringt gerade die Energie zum nächsten Ausatmen, ohne daß das Gesichtsfeld weiter geöffnet ist als für das eigene Innere. Der Körper bringt nur die kleinste Aktivität auf, meist fällt er in sich zusammen.

Folgende Atmungs-und Bewegungsstruktur liegt dem zugrunde, wie sich in einer Übung demonstrieren läßt. Steh aufgerichtet auf beiden Beinen und laß einen fließenden Atem ein- und ausströmen. Wenn das Ausatmen (Seufzen) etwas verstärkt wird, wirst du spüren, daß die Neigung des Kopfes nach unten überwiegt. Lege nun den Kopf seitlich auf eine deiner Schultern. Dabei bleibt das Gesichtsfeld vorn. Beim Ausatmen fällt der Kopf abwärts und kommt durch den leisen Schwung, den das verursacht, seitlich auf die andere Schulter zu liegen (E vorbereitend, A ist Aussage). Bei jedem Ausatmen geschieht das gleiche. Im tiefen Seufzen willst du ganz für dich bleiben. Wenn die Arme sich frei mitbewegen, kannst du dir vorstellen, du wolltest, ermattet, mit deinen Händen dein Gesicht verdecken oder dich verhüllen. Insgesamt haben wir es mit einer verdeckenden Bewegung zu tun und einem Gefühl, das nicht der Öffnung, sondern dem Boden zugewendet ist, nicht dem Außen, sondern dem Inneren. Eine Yin-erfüllte Übung.

aus – ein – Öffnend – erweiterter Raum – dem Himmel geöffnet ––

Opened
breathing

– opened room
– delight
(breathing out–in)

opened
to
heaven

Übung 20

IMPULS ZUR ÖFFNUNG – FREUDE

Im Gegensatz dazu zeigt die Umkehrung, wo der »Schlüsselpunkt« liegt. Es ist die Körperregion des Brustbeins, in der das Gefühl festgehalten wird. Dort liegt der Schlüssel zur Öffnung, wenn Atmung, Bewegung – und damit Gefühl – sich wandeln.

Wenn das »seufzende Atmen« »geschieht«, wird dein Atmen von selbst ruhig und fließend, oder es verstärkt sich so, daß das *Einatmen* plötzlich das Bedeutsamere, das Betontere wird (A vorbereitend, E ist Aussage). Das heftige Ausatmen (A) wird zum vorbereitenden Teil der Atemeinheit und läßt den Kopf sich seitlich mehr aufrichten, weil sich nun die Brustbeinregion weiter öffnen kann und das Gesicht mehr zum Himmel und zur Seite schauen läßt. Du wendest deinen Körper von einer Seite zur anderen, wobei durch die größer gewordene Intensität des schwingenden Ausatmens das seitliche Einatmen in einer Körperwelle geschieht, die schon von der Hüfte ab die Tendenz hat, Brust und Gesicht ganz nach oben hin zu öffnen. Das Gesichtsfeld erweitert sich, indem nicht nur vorne der eigene »beschränkte« Raum zu sehen ist, sondern die Öffnung da ist für alles, was noch neben und über dir ist. Durch die Tatsache, daß der gesamte Atemvorgang mehr zur Öffnung des Körpers führt, öffnen sich auch die Arme, so daß sie anderes ausdrücken können anstatt zu verhüllen. Sie befreien sich in die Weite, die Ellenbeuge öffnet sich empfangend, umfangend. Die Welt öffnet sich ringsum. Läßt du nun von der einen geöffneten Seite mit dem ganzen Körperschwung des Ausatmens dich zur anderen Seite schwingen, dann öffnen sich deine Arme weit hinein in eine drehende Bewegung der Freude.

Die Wirkung dieser zuerst gedanklich vollzogenen und dann getanzten Übungsfolge ist verblüffend, weil der Körper die vorher verschlossene Freude unvorhergesehen durch den erweiterten Atem erfährt. So können wir das, was wir Wandlung nennen, zumindest im Kern ahnen und vermögen ihr vielleicht schöpferisch zu folgen. Eine Begegnung von Yin- und Yang-Energie.

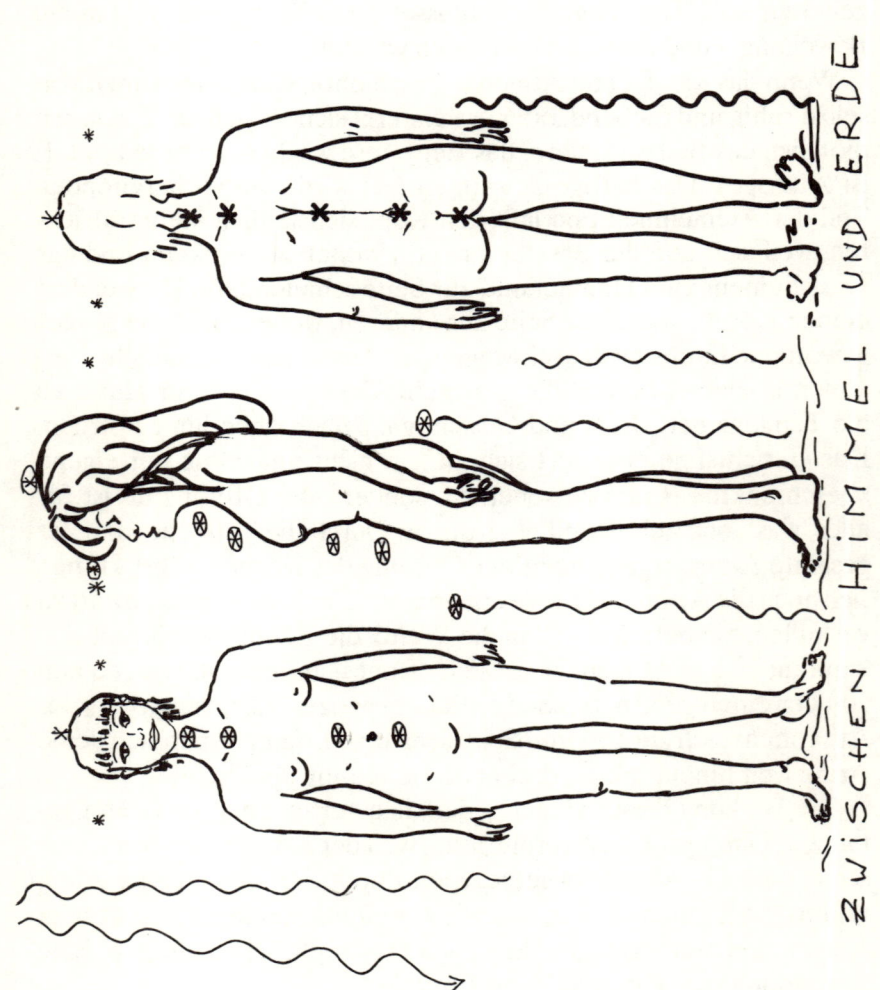

ZWISCHEN HiMMEL UND ERDE

Übung 21

DIE PFORTEN DER ENERGIE
Verbindung zwischen Himmel und Erde

Der Atem (Odem) ist das Medium, um den Körper »wirklich« von zwei Gesichtspunkten her sprechen zu lassen: Zum einen wirken Energie und Schöpferisches (Yang) in den Körper hinein und durch den Körper hindurch, zum anderen wirkt der Körper (Yin), wenn er transparent und voll atmend ist, auf die Zuschauer bzw. auf die Mitmenschen. Nach chinesischer Philosophie (*Buch der Wandlungen*) verbindet der Atem Himmel und Erde in den Lebewesen: Den Himmel gibt es nicht ohne die Erde, und die Erde gibt es nicht ohne den Himmel, beide bedingen einander. *Der lebende Mensch ist das im Yin (Erde) verkörperte Yang (Himmel)*. Oder der Himmel *verwirklicht* sich im Menschen und macht ihn zu dem, was er ist.

Bevor unser Körper »wirklich« sprechen kann, ist es wichtig, sich klarzumachen, daß der Atem als Energie den Körper und die im Körper vorhandenen Wege als Katalysator braucht. Den Chinesen ist das seit langem bewußt, sie kennen die Nervenbahnen und Energiepunkte genau, die auch hier als »Chakren« mehr oder weniger bekannt wurden. Ich bezeichne diese Zonen oder Punkte als Lebenspunkte, Energiepunkte, Chakren. Manchmal nenne ich das zweite Chakra, das »Tan t'ien« (ca. 5 cm unterhalb des Bauchnabels), auch mit der wörtlichen Übersetzung aus dem Chinesischen »Zinnoberfeld«, weil ich das sinnvoll finde im Zusammenhang mit dem darüberliegenden Energiepunkt des Magens, für den wir unsere Bezeichnung »Sonnengeflecht« haben. Der Bauch ist in der chinesischen Philosophie das Symbol des Empfangenden: das »Zinnoberfeld« unten, das »Sonnengeflecht« oben. Die Übersetzungen in der chinesischen Medizin sind teils gleichnishaft, oft lediglich die Bezeichnung eines Körperteils. Ich möchte hier jedoch weitgehend auf chinesische Namen verzichten und bevorzuge deshalb das Wort »Pforte«.

Diese »Pforten« der Energie sind vielfach belastet, verschlossen, als schmerzende Blockade ein Störfaktor. Pflege, so oft du kannst, diese »Pforten«, um Zugang zu dir selbst und deiner Bewegung zu bekommen!

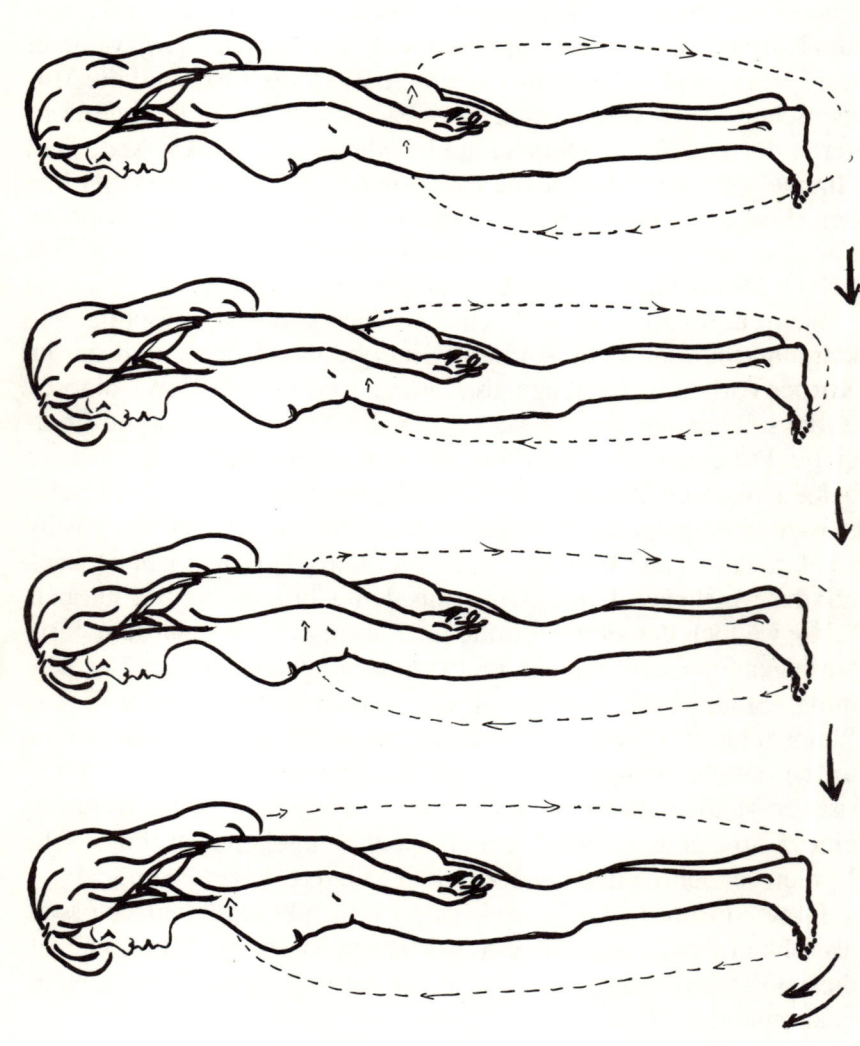

Beginne unten bei den Füßen (im *Buch der Wandlungen* als Körperzone benannt, in der die Urkraft des »Erregenden« sich am stärksten verwirklicht). Die Füße finden die Verbindung zum Boden und sind durchlässig für die Energie, die dort ein- und ausströmt. Während des Ausatmens (A) wird sie abgegeben und während des Einatmens (E) aufgenommen. Von dort strömt sie durch die Beine hindurch (I-Ging: Schenkel für Urkraft des Sanften, Eindringlichen) zum Becken. Am untersten Teil der Wirbelsäule befindet sich der erste Energiepunkt: Hui-Yin. Suche die Verbindung *Hui-Yin – Beine – Füße – Boden* und vorne wieder aufwärts zurück zu *Hui-Yin*. Laß diesen *ersten* Lebenspunkt sich öffnen.

Als nächstes erweitere die Öffnung nach oben, indem sich eine Handbreit unter dem Nabel der »Tan-t'ien« (Zinnoberfeld) befindet (I-Ging: der Bauch verwirklicht die Urkraft des »Empfangenden«). Du kannst eine Hand hinter dich nach unten und eine Hand vorn halten und spürst die jeweils leicht einkippende Bewegung des Beckens.) Beziehe diesen *zweiten* Lebenspunkt, das »Tan-t'ien«, in die atmend-kreisende Belebung ein.

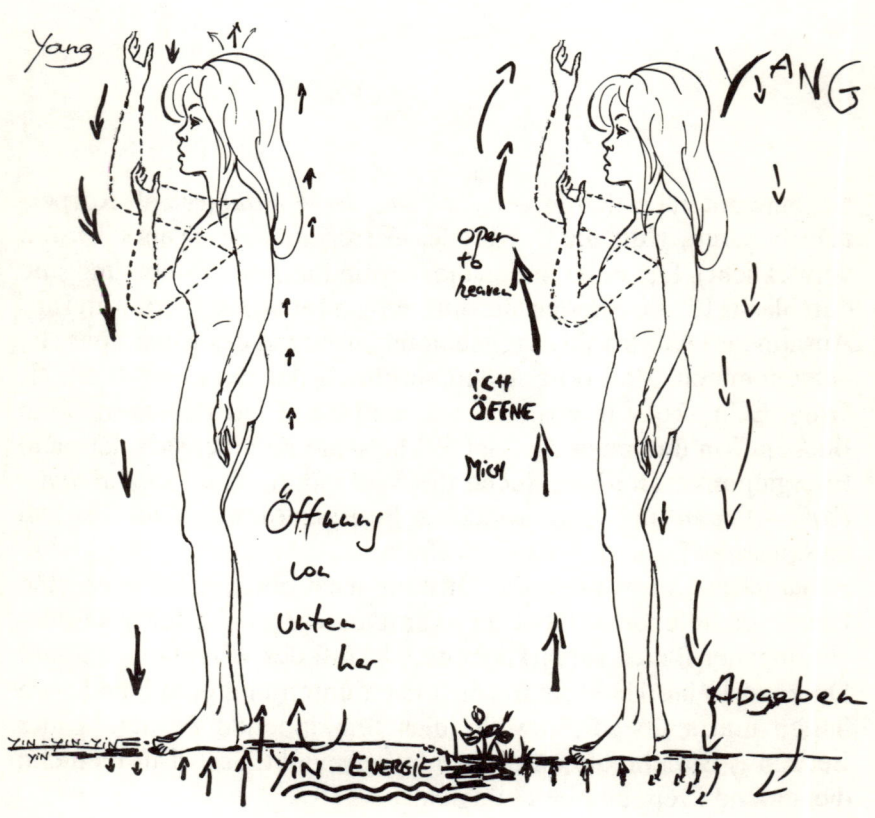

Als nächstes kommst du zum *dritten* Lebenspunkt, dem Sonnenge-flecht. Du kannst die hintere Hand jetzt vorne eine Handbreit über dem Nabel halten. Der Bauchraum öffnet sich zuerst unten, dann oben. Beziehe diesen dritten Lebenspunkt ein in die atmend-krei-sende Belebung.

Als nächstes kommst du zum vierten Lebenspunkt, dem des Herzens beim Brustbein. Dort ist es nahe zum Herzen. Nimm die untere Hand wiederum eine Stufe höher und spüre durch die Berüh-rung mit der Hand die Öffnung des Herzens. Beziehe den *vierten* Le-benspunkt in die atmend-kreisende Belebung ein. Spüre die Weite, die sich in Schultern und Arme ausbreiten kann.

Mit sanften Händen kannst du sodann den Hals und den Nacken berühren. Es öffnet und belebt sich der *fünfte* Lebenspunkt der Stimme, Verständigung, Überzeugungskraft. Hier sind die Schleusen der Drüsen, der Säfte, des Speichels und der Tränen. Laß mit dem Atem belebend, lindernd und öffnend die Energie dort durchfließen und beziehe so den fünften Lebenspunkt mit ein.

Unsere Sinnesorgane wie Ohren, Nase, Augen und Zunge sind nahe dem Gehirn (I-Ging: der Kopf ist der Ort, in dem sich das Schöpferische verwirklicht, der Himmel im Gegenpol zur Erde). Nachdem du mit sanften, eindringlichen Händen das Gesicht berührt hast, bewege dich mit dem Druck von zwei Fingern, vom Beginn der Augenbrauen hin zur Mitte der Stirn und laß für Momente dort die Finger den Kontakt zum *sechsten* Lebenspunkt des inneren Auges aufnehmen. Dann fahre die Stirn aufwärts bis zum Mittelpunkt deiner Schädeldecke, dem *siebten* und obersten Lebenspunkt. Belebe schließlich mit deinen Fingerkuppen deine Haarwurzeln.

Nimm deine Arme gelockert und geöffnet gen Himmel und laß von oben bis zur Mitte, bei entspanntem Oberkörper, von der Mitte bis unten, alles los. Bei befreitem Gehen strömt dann von oben bis unten wie von unten bis oben Energie durch dich hindurch, fühlst du dich wie eine Antenne zwischen Himmel und Erde.

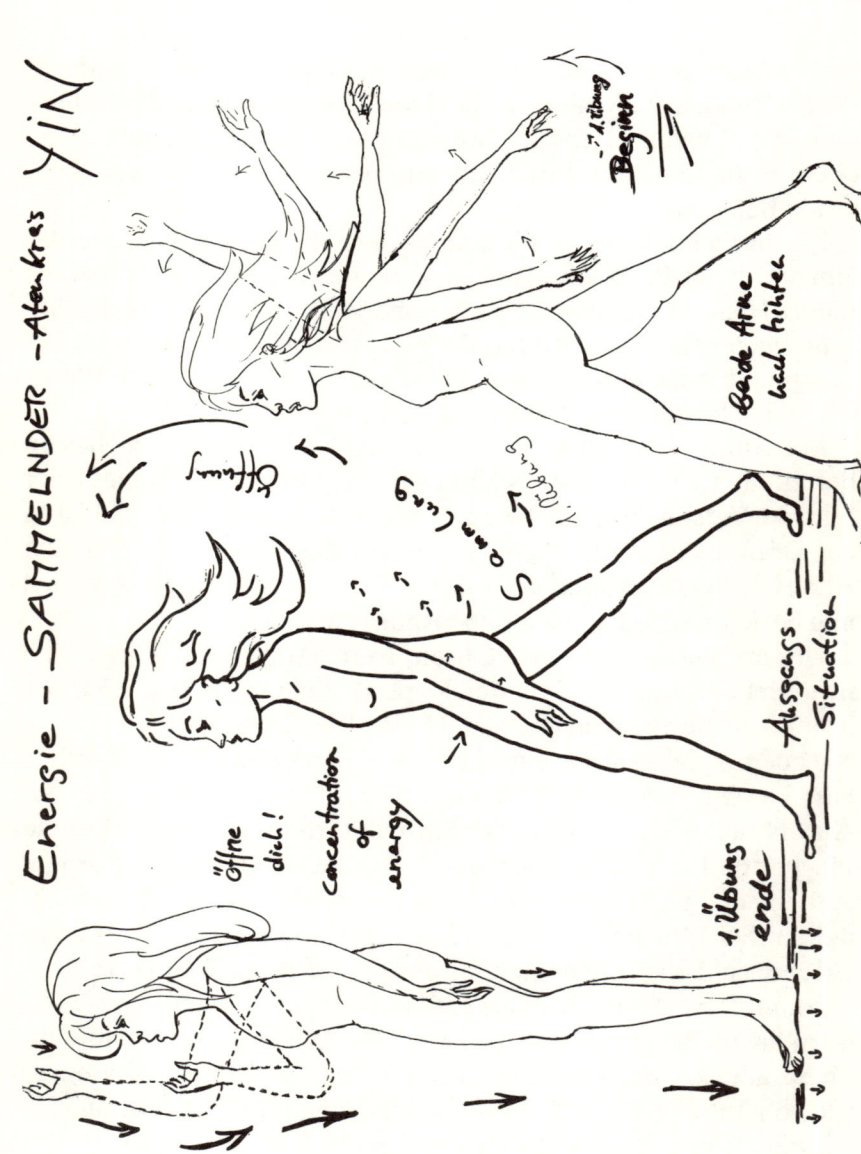

Energie – SAMMELNDER – Atemkreis YIN

Übung 22

ENERGIESAMMELNDER ATEMKREIS

Der Körper ist durchlässig von unten nach oben und von oben nach unten. Die Energiepunkte (Lebenspunkte) sind gleichermaßen zu spüren. Beim Gehen hängen die Arme herab, und die Hände weisen zum Boden, den die Füße berühren. Während des Weitergehens öffnen sich die Arme hinten seitlich und beschreiben einen Kreis nach oben. Die Hände durchlaufen während dieses Kreises die jeweiligen Höhen der Energiepunkte von unten bis oben, bis sie sich schließlich oben berühren und den Kreis schließen. In dieser Reihenfolge öffnet sich der Körper und richtet sich Wirbel für Wirbel auf. Die Energie fließt von der Erde aufwärts durch den Körper, während er sich von unten her öffnet (spüre dabei alle Lebenspunkte), so daß zuletzt das Brustbein sich weitet und auch das Gesicht geöffnet ist.

Nun, im Weitergehen oder im Stehen, läßt du die volle Energie von oben bis unten durch deinen Körper strömen, indem du deine Hände von oben bis unten direkt am Körper entlangführst.

Diese Übung bewirkt, daß alle Yin-Energie gesammelt wird, die dann, oben mit der Yang-Energie vereinigt, den eigenen Körper beschenkt.

Als Partnerübung geeignet: Wenn zwei Personen in dieser Weise aufeinander zugehen, verdoppelt sich die Energie und kommt gleichermaßen beiden zugute.

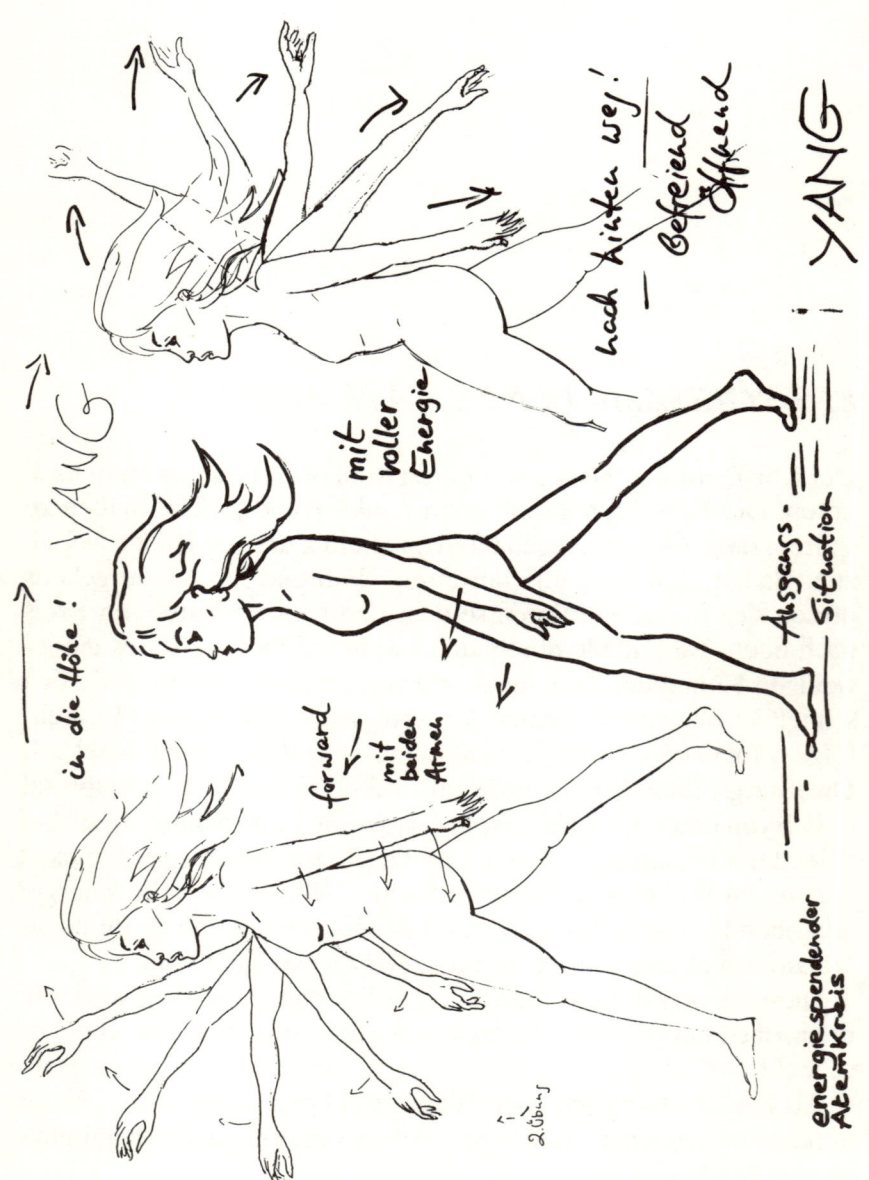

Übung 23

ENERGIESPENDENDER ATEMKREIS

Wenn du genügend Energie »gesammelt« hast, kannst du während des Gehens beide Arme vor dir – Hand an Hand – in die Höhe führen und dir dabei vorstellen, du würdest auf deinem Weg alle dort vorhandene Energie aufschöpfen. Sind die Arme oben angelangt, so teilen sie sich und gehen in einem seitlichen Kreis – leicht nach hinten wegführend – wieder nach unten. Damit befreist du dich von allem.

Diese Übung bewirkt, daß viel Kraft im Körper enthalten ist, die sowohl aus Yin- als auch aus Yang-Energie besteht. Indem sich dieser Strom oben in der Öffnung teilt, ist so viel kraftspendende Yang-Energie vorhanden, daß sie weit in den Raum geleitet wird, gleichermaßen für alle vorhanden. Hier wird nicht »verschwendet«, die Energie geht nicht verloren. Je nachdem, wie hoch du Arme und Hände hebst, bist du noch selbst direkt im Energiefeld oder befreist dich in die Öffnung nach oben und hinten.

Als Partnerübung kann probiert werden, daß eine Person mit der energiesammelnden und die andere mit der energiespendenden Bewegung aufeinander zukommen. Es findet eine intensive Begegnung statt.

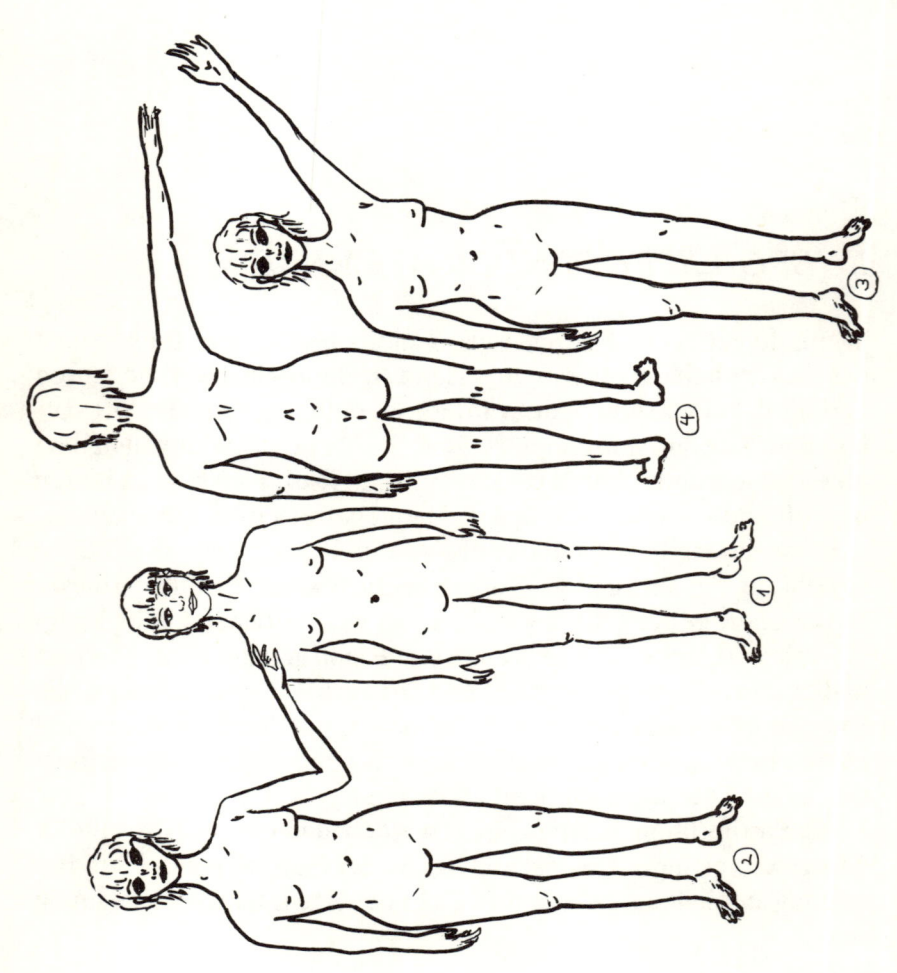

Übung 24

DIE VIER ATEMQUALITÄTEN

Die grundlegende Erklärung der Atemqualitäten in ihrer jeweiligen Funktion, die dem Ein- oder Ausatmen den besonderen Charakter geben, kommt verhältnismäßig spät in diesem Übungsbuch. Nachfolgend beschreibe ich differenziertes Ein- oder Ausatmen jeweils ohne Berücksichtigung der Atemeinheit. So ist es ratsam, schon etwas Selbstverständlichkeit bei der »Beobachtung« des Atmens zu haben. Es ist weiterhin hilfreich, im Anschluß an die Übungen zusammenfassend und ergänzend festzustellen, daß Ein- wie auch Ausatmen jeweils beides sein kann, passiv wie aktiv, je nach Intensität des Atmens. Also kann auch beides jeweils Yin- wie Yang-Energie ausdrücken.

1) Einatmen (E) »relativ« passiv – *Yin-Qualität (Tastsinn, »Fühler«)* – leicht füllendes, bis an die Hautgrenze gelangendes Körpergefühl.
  Das Einatmen hat eine tastende, füllende Wirkung. Wenn du aus dem absoluten »Leer« kommst (also zuvor lang und langsam ausgeatmet hast), ist es eine füllende Bewegung; wenn du aus der »Erweiterung« kommst (also z.B. zuvor mit großer Aktivität und Streckung ausgeatmet hast), hat das Einatmen verkleinernde, einziehende Wirkung.

2) Ausatmen (A) passiv – *Yin-Qualität (Bestätigung)* – entspanntes Körpergefühl.
  Das Ausatmen bewirkt eine kleine oder verkleinernde Bewegung. Sie verdeutlicht die Bestätigung von Ertastetem, kann sich mit einem Anlehnen verbinden.
  Wenn das Ausatmen etwas verstärkt wird (da beginnt der Übergang zu Yang), entstehen Streicheln, Streichen, leichter Druck, Schieben usw. (siehe 4. Atemqualität).

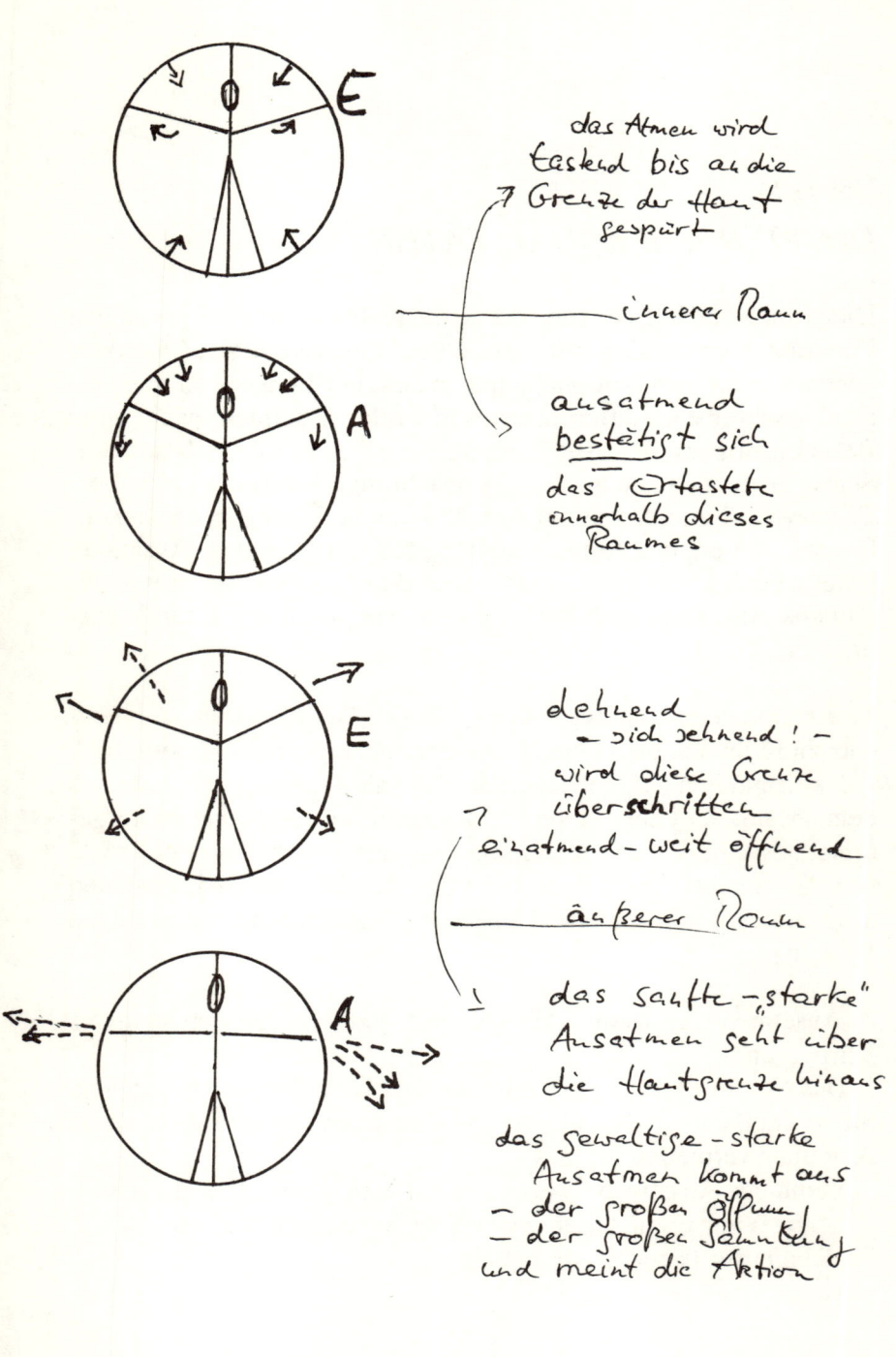

das Atmen wird
tastend bis an die
Grenze der Haut
gespürt

innerer Raum

ausatmend
bestätigt sich
das Ertastete
innerhalb dieses
Raumes

dehnend
– sich sehnend ! –
wird diese Grenze
überschritten
einatmend – weit öffnend

äußerer Raum

das sanfte – „starke"
Ausatmen geht über
die Hautgrenze hinaus

das gewaltige – starke
Ausatmen kommt aus
– der großen Öffnung
– der großen Senkung
und meint die Aktion

3) Einatmen (E) aktiv – *Yang-Qualität (dehnend, »sich sehnend«)* – erhöhendes, erweiterndes aber auch vertiefendes Körpergefühl.

Das Einatmen bewirkt hier meist eine vergrößernde Bewegung. Sie ist dann mit einer Dehnung der betreffenden Körperzone verbunden.

Falls bei aktivem Einatmen Energie im Körperzentrum gesammelt wird, wird somit keine Dehnung bewirkt. Dann wirkt dieser vorbereitende Teil der Atemeinheit stark zusammenziehend, um sich anschließend in eine äußerst aktive, ausatmende *Yang-Bewegung* zu verwandeln.

Falls das aktive, zusammenziehende Einatmen plötzlich geschieht, z.B. in einem Schreck, wird dieser zur Hauptaussage, der auch passives, verkleinerndes Ausatmen folgen kann.

4) Ausatmen (A) aktiv – *Yang-Qualität (»sanfte Kraft«)* – mit sanfter Kraft ausströmend.

Das Ausatmen bewirkt eine vom Körper weg erweiterte, vergrößernde, langsame Bewegung, die *keine* Muskelanstrengung erfordert, sondern »sanfte Kraft« verkörpert.

Ausatmen (A) aktiv – *Yang-Qualität = auch Aktion* bei kraftvoller Bewegung. Bei fern-gerichtetem Ziel ausströmend erweiterndes Körpergefühl; bei nahem Aktionsziel heftig und kräftig zusammenziehendes Körpergefühl. Bei einer Aktion bewirkt diese Atmung also eine heftige, entweder schleudernde (erweiterte) oder eine zielgerichtete (zusammengezogene) Bewegung.

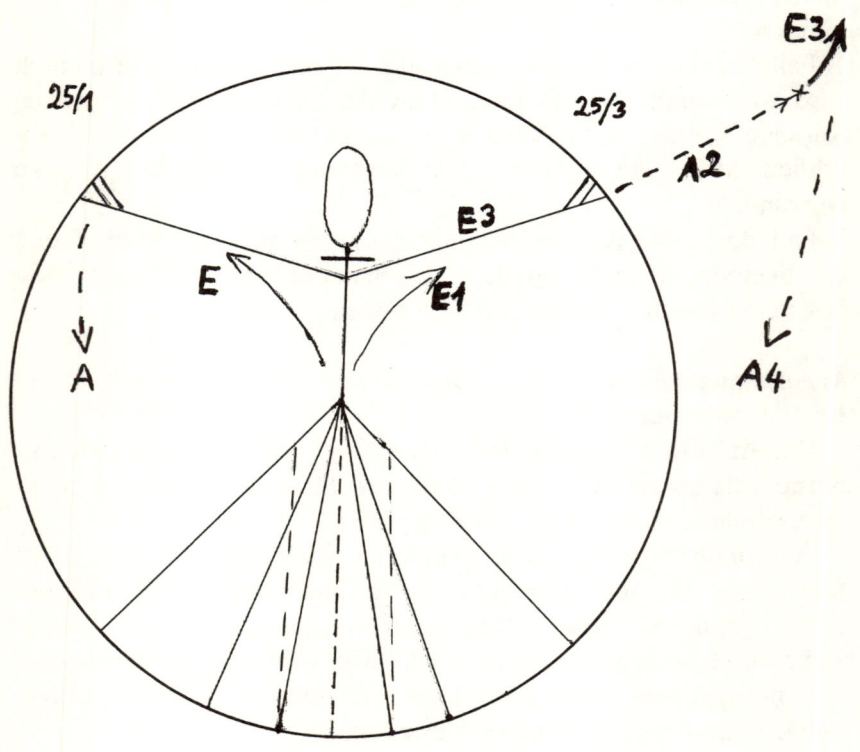

25/1

25/3

E3

A2

E3

E

E1

A

A4

Übung 25

DURCH ATMEN DEN KÖRPER VERKLEINERN ODER VERGRÖSSERN

Vier Phasen in Funktion und Anwendung (Voraussetzung sollte hier die Übung 24 sein):

1a) »Ich bin unsichtbar, es kann mich keiner sehen.« Ein- und Ausatmen passiv. E klein-extrem und A klein-extrem.
Reine Yin-Energie

1b) »Ich bin da.« Präsenz bis in die Hautporen und den Boden gut spürend.
Einfaches Atmen: E klein und A klein (keinerlei Aktivität). Die normale Größe ist erreicht, der Körper wird in seinem Ausmaß gespürt.
Reine Yin-Energie.

2a) »Die sanfte Kraft.« Meine Energie strömt mit sanfter Kraft weit über den Körper hinaus, E klein und A groß (E ist vorbereitend und A hat die Aussage.).
Mein Arm kann sich in der Länge verdoppeln, aus den Grenzen des Körpers herauskommen.
Diese Geste benötigt eine ganze Atemeinheit zur Auflösung.

2b) Zurückführung der Geste: E verkleinernd und A klein. Keine Aktivität mehr, »bestätigende« regenerierende Rückkehr.
Yin- und Yang-Energie.

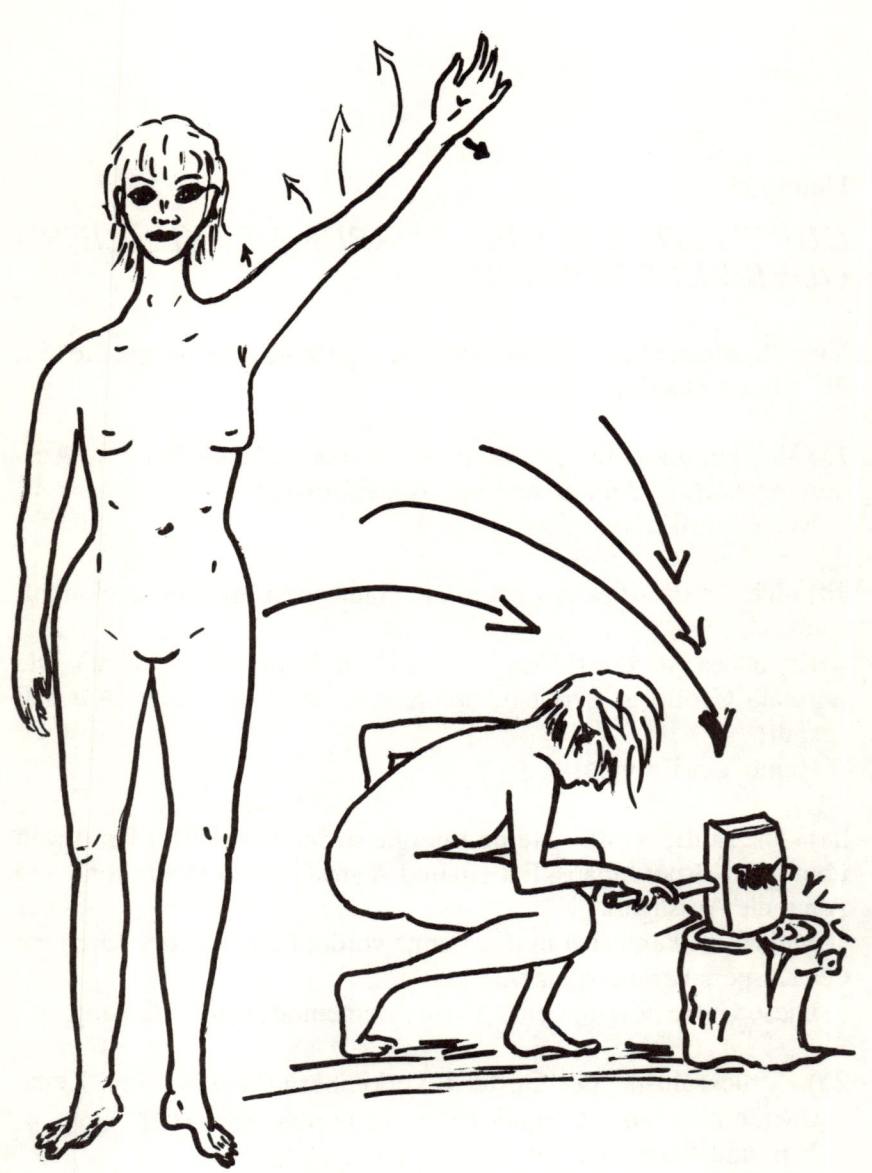

3) *»Ich habe große Flügel.« (»Ich habe große Macht.«)* Einströmende Atemenergie (E), ausströmende Atemenergie (A), Öffnung von Schulter/Brustbein (E) und sanfte Rückkehr zum Zentrum (A) (»Flügel«) – E klein, A groß, E groß, A klein.

Der Arm erweitert sich nochmals von der Schulter aus bis ans Ende eines vorgestellten großen Flügels und kehrt dann wieder zurück zum Zentrum mit sanftem Ausatmen (A-Yin).

Diese Geste umfaßt vorbereitend eine ganze Atemeinheit, zur Aussage den ersten Teil einer Atemeinheit (E) und den zweiten Teil (A) zur Auflösung.

Überwiegend Yang-Energie, mit Yin endend.

4) *»Ausübende Macht.«* (ähnlich wie 3, am Ende aber heftiger) Hier kommt es zu einer zielgerichteten Aktion.

Bei einem *Schlag* – gebunden auf ein nahes Ziel zu.

Bei einem *Wurf* – ungebunden auf ein fernes Ziel hin.

E klein, A groß, E groß, A groß.

Diese Geste hat vorbereitend eineinhalb Atemeinheiten (E/A/E) und das letzte Ausatmen (A) als Aussage.

Überwiegend Yang-Energie.

breathing in, opened high energy of heaven

vom Himmel
fällt der Regen

aus der Seele
fließen die Tränen
- - - - -

comes from earth breathing in through the back
breathing out closed to yourself and to earth

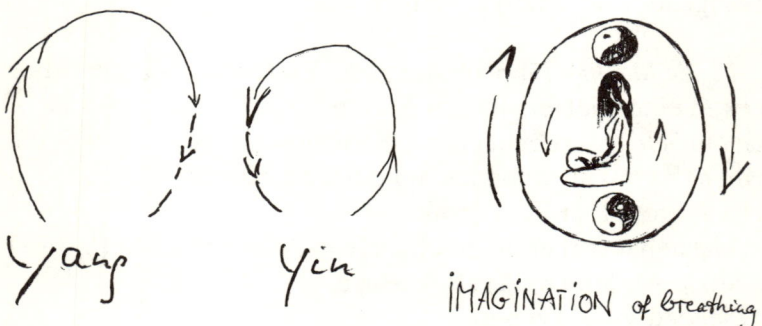

Yang   Yin

IMAGINATION of breathing

Übung 26

INNERER ATEMKREIS DER WELLE

Sitze bequem, die Beine im Lotus- oder Schneidersitz, die Wirbelsäule aufgerichtet und gelöst. Der Atemfluß als Imagination im Sinne
der buddhistischen Atemübung kann als helle feine Luftlinie vorge-
stellt werden – zur Nase hinein (wobei die Zungenspitze leicht den
oberen Gaumen drückt), die Stirn streifend, über den Schädel die
ganze Wirbelsäule hinab; vorne wieder aufsteigend, durch Zungenspitze – Gaumen bis in den (auch inneren) Blick der Augen. Mitten
in der vollen Höhe des eingeströmten Atems vereinigt sich diese Imagination wieder mit der feinen Luftlinie durch die Nase. Ein harmo-
nisch-ellipsenförmiger Kreis bildet sich, der die Wirbelsäule und das
innere Gesicht belebt. In der vollen Stärke des Ausatmens strömt
Energie vom mittleren Rücken über die Hüften entlang zum vorderen »Tan-t'ien«, dem Meditationspunkt.

Im Stehen oder Gehen ergibt sich eine Bewegungswelle der Wirbelsäule. Die Bewegung geht von unten-vorn nach oben, von dort
geht sie wieder hinten abwärts – entsprechend dem Atemweg.

Yang: eine weiche geöffnete Hinwendung nach oben, den Himmel
einatmend, vom Himmel getragen.

In der Umkehrung strömt der Atemfluß als Energiestrom von der
Erde her am hinteren Hui-Yin in die Wirbelsäule ein und bis in die
Schädeldecke hinauf, wobei im Übergang zum Ausatmen gleichzeitig die Neigung der Nackenlinie mit dem entspannten Gesicht
gespürt wird. Dabei entsteht eine innere Verbindung der leicht geöffneten, weich ausatmenden Lippen mit dem vorderen »Tan-t'ien«.
Die Imagination der Luftlinie verläuft in einer Ellipsenform, die vom
Boden durch die Wirbelsäule hinaufsteigt bis zur Schädeldecke, sich
über das Gesicht abwärts öffnet und im »Tan-t'ien« sammelt. In
dieser Umkehrung der Welle geht die Bewegung von unten-
hinten/hinauf, oben-vorne/hinunter.

Yin: eine weiche Zuwendung zum Boden hin, eine Besinnung in
die eigene Tiefe. Von der Kraft der Erde getragen können sich
sowohl Starres wie Tränen lösen. Alles wird aufgefangen.

fe
reichelt

staatlich anerkannte
Pädagogin für Bühnentanz,
Diplompädagogin und Tanztherapeutin

Jederzeit laufende Kurse
für Anfänger und Fortgeschrittene:

Ausdruckstanz
Tanztherapie
Improvisation
Tanztheater
Körperstrukturen
Klassisches Ballett
Modern Dance
Jazztanz
Step
Bauchtanz
T'ai Chi Ch'uan
Afrikanischer Tanz

Für Kinder:

Spielerische Vorstufe für Kleinere
Rhythmik und Kindertanz
Klassisches Ballett
Step
Akrobatik
Kindertheater

Tanz- und Theaterwerkstatt Frankfurt

Zentrum für
Ausdruckstanz

Schneckenhofstraße 20 H
6000 Frankfurt 70
Telefon: 0 69 / 61 60 58

tanz & theater

Gaby von Rauner (Hrsg.)
William Forsythe – Tanz und Sprache
132 S., Fr. Br. mit Fototeil, ISBN 3-86099-108-6

Ein Buch über den Meister des modernen Tanzes William Forsythe und über seine avantgardistischen Ballette, die Forsythe zufolge nicht verstanden und schon gar nicht erklärt werden sollen. Ein Buch, das über Leben und Werk des Frankfurter Ballettintendanten informiert und in einem ausführlichen Interview seine Arbeits- und Denkweise transparent macht. Ein umfangreicher Fototeil zeigt Forsythe mit seinem Ensemble bei der Arbeit.

Die Beiträge des Buches setzen sich mit einzelnen Balletten Forsythes und der Konzeption seiner Werke auseinander. Besondere Beachtung finden die von Forsythe in einem Teil seiner Ballette eingesetzten Texte, die Zuschauer und Kritiker oft gleichermaßen verwirren. Das Buch hilft, Strukturprinzipien der Texte und Forsythes Choreographie besser zu verstehen.

Gisela Honens / Rita Willerding
Praxisbuch feministische Theaterpädagogik
176 S., vierf. paperback, ISBN 3-86099-243-0

Ein engagiertes Plädoyer für einen produktiven Umgang mit dem Medium Theater in der Frauenkulturarbeit.

Gerd Koch / Florian Vaßen (Hrsg.)
Lach- und Clownstheater
Die Vielfalt des Komischen in Musik, Literatur,
Film und SchauSpiel
220 S., Pb., ISBN 3-925798-78-1

Mehr als zwanzig Fachleute aus Theorie und Praxis präsentieren die wichtigsten Aspekte des zeitgenössischen Lach- und Clownstheaters. Neben Erfahrungsberichten und praktischen Arbeitsbeispielen stehen Versuche, sich den Entwicklungen in diesem Bereich grundlegend zu nähern.

Katya Delakova
Das Geheimnis
der Katze

*Eine
Tänzerin
weist
Wege zum
schöpferischen
Üben*

Brandes & Apsel

136 S., Hardcover mit Zeichnungen, ISBN 3-925798-09-9

Das Geheimnis der Katze versteht sich als Wegweiser zu kreativem Üben und Tanzen. Tägliches Üben ermöglicht, zur Vertiefung des Ausdrucks und Erlebens zu gelangen. Delakova gibt zahlreiche Beispiele, u. a. die »Katzensequenz«, um die eigenen Schritte zu enträtseln und kreatives Üben zu erlernen.

Katya Delakova, geboren 1914 in Wien, gestorben 1991 in Titusville, N. J., Tänzerin, Bewegungslehrerin, Choreographin. Emigrierte 1939 in die USA, arbeitete mit Moshe Feldenkrais, lehrte am Sarah Lawrence College in New York, gründete ihre eigene Schule in Titusville und gab viele Kurse in Europa.